T0209332

IT kompakt

Werke der „kompakt-Reihe" zu wichtigen Konzepten und Technologien der IT-Branche:

- ermöglichen einen raschen Einstieg,
- bieten einen fundierten Überblick,
- sind praxisorientiert, aktuell und immer ihren Preis wert.

Weitere Titel der Reihe siehe: http://www.springer.com/series/8297

Chris Rupp & die SOPHISTen

Systemanalyse kompakt

3. Auflage

SOPHIST GmbH
Chris Rupp
Nürnberg, Deutschland

ISSN 2195-3651   ISSN 2195-366X (electronic)
ISBN 978-3-642-35445-8   ISBN 978-3-642-35446-5 (eBook)
10.1007/978-3-642-35446-5

Die Deutsche Nationalbibliothek verzeichnet diese Publikation in der Deutschen Nationalbibliografie; detaillierte bibliografische Daten sind im Internet über http://dnb.d-nb.de abrufbar.

Springer Vieweg
© Springer-Verlag Berlin Heidelberg 2004, 2008, 2013

Gedruckt auf säurefreiem und chlorfrei gebleichtem Papier

Springer Vieweg ist eine Marke von Springer DE.
Springer DE ist Teil der Fachverlagsgruppe Springer Science+Business Media
www.springer-vieweg.de

Eine Schildbürgergeschichte – statt einer Einleitung

Große Augen. Weit aufgerissene Münder. Laute des Staunens. Plötzlich aufbrandender Applaus. Stehende Ovationen.

Den Kunden begeistern. Spektakuläres schaffen. Den Unterschied ausmachen – das ist es, was sich jeder Akteur vornimmt. Auf dem Weg zum wirtschaftlichen Erfolg will man sich von der Masse absetzen, den anderen einen Schritt voraus sein.

Einzigartigkeit, das Besondere, das Aufsehenerweckende – genau das wollten auch die Bürger des beschaulichen Städtchens Schilda erschaffen, als es darum ging, ein nagelneues Rathaus zu erbauen.

Und so machten sie sich daran etwas ganz Besonderes zu errichten. Der Plan, das neue Rathaus dreieckig zu bauen, stammte vom Schweinehirten. Er hatte den schiefen Turm von Pisa erbaut, darum erklärte er stolz: „Ein dreieckiges Rathaus macht Schilda noch viel berühmter als Pisa!" Die andern waren sehr zufrieden. Denn auch die Dummen werden gern berühmt. Das war im Mittelalter nicht anders als heute.

So gingen die Schildbürger schon am nächsten Tag an die Arbeit. Sechs Wochen später hatten sie die drei Mauern aufgebaut, es fehlte nur noch das Dach. Als das Dach fertig war, fand die feierliche Einweihung des neuen Rathauses statt. Alle Einwohner gingen in das dreieckige Gebäude hinein.

V

Aber da stürzten sie auch schon durcheinander. Die drin waren, wollten wieder heraus. Die draußen standen, wollten hinein. Es gab ein fürchterliches Gedränge! Endlich landeten sie alle wieder im Freien. Sie blickten einander ratlos an und fragten aufgeregt: „Was war denn eigentlich los?" Der Schuhmacher überlegte und sagte: „In unserem Rathaus ist es dunkel!"

Da stimmten alle zu. Aber woran lag es? Lange wussten sie keine Antwort. Am Abend trafen sie sich im Wirtshaus. Sie besprachen, wie man Licht ins Rathaus hineinschaffen könne. Erst nach dem fünften Glas Bier sagte der Hufschmied nachdenklich: „Wir sollten das Licht wie Wasser hineintragen!" „Hurra!", riefen alle begeistert.

Am nächsten Tag schaufelten die Schildbürger den Sonnenschein in Eimer und Kessel, Kannen und Töpfe. Andere hielten Kartoffelsäcke ins Sonnenlicht, banden dann die Säcke schnell zu und schleppten sie ins Rathaus. Dort banden sie die Säcke auf, schütteten das Licht ins Dunkel und rannten wieder auf den Markt hinaus, wo sie die leeren Säcke wieder vollschaufelten. So machten sie es bis zum Sonnenuntergang. Aber im Rathaus war es noch dunkel wie am Tag zuvor. Da liefen alle traurig wieder ins Freie.

Wie sie so herumstanden, kam ein Landstreicher vorbei. Er fragte: „Was ist denn los? Was fehlt euch?" Sie erzählten ihm von ihrem Problem. Er dachte nach und sagte: „Kein Wunder, dass es in eurem Rathaus dunkel ist! Ihr müsst das Dach abdecken!" Sie waren sehr erstaunt und schlugen ihm vor, in Schilda zu bleiben, solange er es wollte. Tags darauf deckten die Schildbürger das Rathausdach ab, und es wurde im Rathaus sonnenhell! Es störte sie nicht, dass sie kein Dach über dem Kopf hatten! Das ging lange Zeit gut, bis es im Herbst regnete. Die Schildbürger, die gerade in ihrem Rathaus saßen, wurden bis auf die Haut nass. So rannten sie schnell nach Hause.

Als sie am Morgen den Landstreicher um Rat fragen wollten, war er verschwunden. So versuchten sie es mit dem Rathaus ohne Dach. Als es dann aber zu schneien begann, deckten sie den Dachstuhl wie vorher, mit Ziegeln. Nun war's im Rathaus aber wieder ganz dunkel. Doch diesmal steckte sich jeder einen brennenden Holzspan an den Hut. Leider erloschen die Späne schnell, und wieder saßen die Männer im Dunkeln. Plötzlich rief der Schuster: „Da! Ein Lichtstrahl!" Tatsächlich! Durch ein Loch kam etwas Sonnenlicht herein. Alle blickten auf den Lichtstrahl. „O wir Esel! Wir haben ja die Fenster vergessen!", riefen die Schildbürger. Noch am Abend waren die Fenster fertig.[1]

Und so kam es, dass die Bürger von Schilda auf der Suche nach dem Besonderen, die Grundlagen aus den Augen gelassen hatten. Mit der Intention, einen außergewöhnlichen, spektakuläreren Sitz der Stadtverwaltung zu schaffen, vergaßen sie, ihr Unterfangen auf einen soliden Grund und Boden zu stellen.

---

[1] http://www.derweg.org/personen/werke/schildbuerger2.html

Diese Basis wird mit einer vernünftigen Systemanalyse geschaffen, die wir in dem vorliegenden Buch zusammengefasst wiedergeben. Denn ohne einen Blick darauf zu werfen, was wir überhaupt erschaffen wollen, bekommen wir allzu schnell ein dreieckiges Rathaus ohne Fenster.

Inhaltsverzeichnis

Vielleicht haben Sie sich schon einmal gefragt, was eigentlich genau unter dem Begriff *Systemanalyse* zu verstehen ist? Meistens wird unter diesem Begriff der Prozess verstanden, bei dem ein noch nicht existierendes Hard- oder Software-System so beschrieben wird, wie es in der Zukunft aussehen soll (Soll-Analyse). Allerdings kann damit auch gemeint sein, dass ein bestehendes System so beschrieben wird, wie es in der Realität abgebildet ist (Ist-Analyse).

Der Begriff *Systemanalyse* kann und wird also von unterschiedlichen Personen verschiedenartig aufgefasst. Im Rahmen dieses Buches behandeln wir die Systemanalyse sowohl als Ist- als auch als Soll-Analyse von Systemen (Hard- und Software).

Anzumerken ist, dass die Analyse der Arbeitsprozesse – die Geschäftsprozessanalyse – nicht Bestandteil dieses Buches ist. Wir konzentrieren uns speziell auf die Analyse von Systemen bzw. Produkten, die je nach Gegebenheit auf einer Geschäftsprozessanalyse aufbauen kann.

Ein wichtiger zu berücksichtigender Bestandteil zu Beginn der Systemanalyse ist die Kontextabgrenzung. Mit ihrer Hilfe ziehen Sie eine klare Linie zwischen dem System (respektive dem Produkt, dem Teilsystem, der Komponente) und der Umgebung. Für das System wird in diesem Fall der Umfang (Scope) betrachtet und gegenüber der Umgebung des Systems (dem Kontext) abgegrenzt. Natürlich gibt es vor allem zu Beginn der Systemanalyse eine Grauzone zwischen Scope und Kontext. Im Laufe der Systemanalyse gilt es, diese Grauzone immer weiter zu eliminieren und den Scope des betrachteten Systems klar von den

SOPHIST GmbH, C. Rupp, *Systemanalyse kompakt*, IT kompakt,
DOI 10.1007/978-3-642-35446-5_1, © Springer-Verlag Berlin Heidelberg 2013

Nachbarsystemen abzugrenzen. So definieren Sie den Rahmen für die Systemanalyse und die in diesem Rahmen folgende Spezifikation Ihrer Systemanforderungen.

Andere, zur Systemanalyse parallele Prozesse der Systementwicklung (Entwurf, Implementierung, Test, Wartung) bauen dann auf den Ergebnissen der Systemanalyse auf und führen zu der Umsetzung der beschriebenen Lösung. Zusätzlich gibt es noch die orthogonalen Prozesse Projektmanagement, Qualitätsmanagement und Konfigurationsmanagement, welche Einfluss auf alle parallelen Prozesse (inklusive Analyse) der Systementwicklung haben.

Wie sich die Systemanalyse zu den parallelen und orthogonalen Prozessen einordnet und abgrenzt, wird in diesem Kapitel beschrieben. Im nächsten Kapitel wird dann detaillierter auf die Tätigkeiten der Systemanalyse eingegangen.

1.1 Beginn der Systemanalyse

Zunächst wollen wir die Frage „Wann beginnt die Systemanalyse" beantworten: Sobald die Erkenntnis vorhanden ist, dass in einem bestehenden Umfeld ein Problem existiert und Ursachen inklusive einer möglichen Lösung durch ein System betrachtet werden, haben Sie bereits mit der Systemanalyse begonnen. In der Praxis gestaltet sich dies wie folgt: Bevor Sie mit der detaillierten Analyse eines Systems starten, werden Sie zunächst entscheiden müssen, ob überhaupt ein neues System entwickelt werden soll. Um dies zu entscheiden, müssen generell die Wirtschaftlichkeit und die Durchführbarkeit des Projektes untersucht werden.

Die wichtigsten Faktoren, welche die Wirtschaftlichkeit und Durchführbarkeit des Projektes bestimmen, sind: Kosten-Nutzen-Relationen, organisatorische Randbedingungen wie zur Verfügung stehende Ressourcen, technische Voraussetzungen oder zu erwartende Projektlaufzeiten. Um diese Faktoren beurteilen zu können, müssen Sie zunächst eine grobe Analyse durchführen. Dazu zählt die Ist-Analyse eines bestehenden Systems (falls vorhanden), Aufnahme der groben Kundenwünsche, Beachtung von Marktanalysen und die Kenntnis über die Qualifikation und Verfügbarkeit der Projektmitarbeiter. Nun können Sie sich entscheiden, ob ein System entwickelt (bzw. ein bestehendes angepasst) werden soll, und können mit der eigentlichen, detaillierten Systemanalyse beginnen.

1.2 Schnittstellen der Systemanalyse zu parallelen Prozessen

Die Systemanalyse stellt einen Teilbereich im Gesamtprozess der Systementwicklung dar. Auf den Ergebnissen der Systemanalyse aufbauend gibt es noch weitere Tätigkeiten, welche die Lösung des bestehenden Problems herbeiführen. Nach dem klassischen Wasserfall-Modell wird das komplette System zunächst analysiert, dann entworfen, implementiert, getestet, abgenommen und eingeführt, anschließend folgt das Warten und Pflegen des Systems. Oft werden diese Tätigkeiten als eigenständige Phasen bezeichnet.

In der Realität bezieht man sich aber häufig nicht sofort auf das komplette System, sondern es werden iterativ Teile des Systems betrachtet, bis das gesamte System vollständig entwickelt ist. Die Tätigkeiten Analysieren, Entwerfen, Implementieren, Testen und Warten werden dabei zum größten Teil parallel durchgeführt, wobei die Schwerpunkte mal auf der einen, mal auf einer anderen Tätigkeit liegen.

Zwischen den einzelnen Tätigkeiten gibt es Schnittstellen, die in Abb. 1.1 dargestellt sind. Ergebnisse, die während einer Tätigkeit gewonnen wurden, werden in anderen Tätigkeiten gebraucht bzw. weiterverarbeitet. Oft wird dann ersichtlich, dass Ergebnisse aus anderen Tätigkeiten noch einmal überarbeitet werden müssen.

Im Folgenden werden wir zum einen darstellen, welche Ergebnisse der Analyse in den anderen Tätigkeiten benötigt werden, und zum anderen werden wir aufzeigen, wie sich Erkenntnisse aus den anderen Tätigkeiten auf die Analyse auswirken.

Entwurf

Beim Entwerfen des Systems ist es besonders hilfreich, wenn Sie die Ergebnisse, welche Sie während der Analyse gewonnen haben, möglichst ohne Notationsbrüche weiterverwenden können (z. B. wird ein

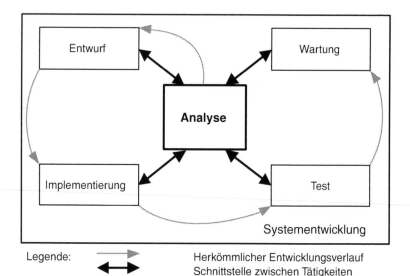

Abb. 1.1 Schnittstellen der Analyse zu parallelen Prozessen

Modell der objektorientierten Analyse direkt zu einem Modell des objektorientierten Designs weiter konkretisiert und verfeinert). Neben der Beachtung der funktionalen Anforderungen müssen Sie beim Entwurf des Systems auch den Randbedingungen und nicht funktionalen Anforderungen große Aufmerksamkeit widmen, denn diese können das Design Ihres Systems wesentlich beeinflussen. Dabei spielen vor allem Faktoren wie die Einbettung des Systems auf die Zielplattform, Zuverlässigkeit und Modifizierbarkeit des Systems eine große Rolle.

Während des Systementwurfs werden Sie mitunter feststellen, dass gewisse Anforderungen aus der Analyse so nicht umgesetzt werden können, wie sie ursprünglich geplant waren, z. B. wenn geringe Antwortzeiten des Systems gefordert werden, die einzusetzende Hardware dies aber nicht zulässt. Wenn sich Anforderungen widersprechen oder generell nicht realisierbar sind, müssen Teile des Systems durch eine erneute Analyse spezifiziert werden.

Implementierung

Die Implementierung baut zum großen Teil auf Ergebnissen des Entwurfs auf. Allerdings werden Sie während der Implementierung auch diejenigen Anforderungen genauer betrachten, die für den Entwurf nicht so relevant waren. Dazu zählen vor allem detaillierte Anforderungen an das System, wie z. B. Anforderungen an die Benutzeroberfläche.

Auch während der Implementierung kann es vorkommen, dass Sie Widersprüche zwischen einzelnen Analyseergebnissen aufdecken. Die betreffenden Systemteile müssen dann neu spezifiziert werden.

Testen

Um das System strukturiert testen zu können, benötigen Sie Testfälle. Wenn diese nicht schon während der Analyse erstellt worden sind, benötigen Sie folgende Informationen, die während der Analyse gewonnen wurden, um Testfälle zu erstellen:

- Funktionale Anforderungen (werden auf Funktionsabdeckung überprüft),
- Angaben zu Mengengerüsten (dienen als Grundlage für Belastungstests, z. B. Anzahl und Größe von zu speichernden Daten),
- Qualitätsanforderungen (Zeitverhalten, Verbrauchsverhalten, Zuverlässigkeit, ...),
- Modelle (dienen zum Auffinden von Testpfaden).

Beim Testen bildet der Analytiker eine Schnittstelle zwischen dem Personenkreis, der die Anforderungen an das System gestellt hat, und den Entwicklern des Systems, denn Systemteile können erst dann getestet werden, wenn sie fertig sind. Wenn sie dann wieder geändert werden müssen, ist der Zeit- und Kostenbedarf recht hoch. Bei fehlgeschlagenen Tests muss daher schnell entschieden werden, ob Systemteile neu spezifiziert und umgesetzt werden sollen oder ob das Fehlverhalten akzeptabel ist.

Wartung/Pflege

Bei der Wartung bzw. Pflege geht es darum, nach der erfolgten Abnahme des Systems, auftauchende Fehler zu korrigieren, das System einer geänderten Umgebung anzupassen bzw. neue Kundenwünsche im System abzubilden. Vor allem bei den letzten beiden Punkten ist man sofort wieder bei der Tätigkeit Analyse angelangt.

Wenn nicht nur Fehler korrigiert werden, sondern das System geändert bzw. erweitert wird, sollten Sie Änderungen an Systemteilen mittels Anforderungen dokumentieren. Dies wird in Wartungsphasen leider häufig nicht durchgeführt, resultiert aber typischerweise in Problemen, weil das aktuelle System damit unzureichend dokumentiert ist.

1.3 Schnittstellen der Systementwicklung zu orthogonalen Prozessen

Neben den oben beschriebenen Prozessen, die direkt der Erstellung eines Systems zuzuordnen sind, gibt es Prozesse, die orthogonal zu diesen liegen und den Erstellungsprozess lenken und beeinflussen. Dazu gehören, wie in Abb. 1.2 zu sehen, die Prozesse Projektmanagement, Qualitätsmanagement und das Konfigurationsmanagement. In den folgenden Abschnitten wird beschrieben, welche konkreten Schnittstellen die Analyse zu ihnen aufweist.

Projektmanagement

Damit ein Projekt überhaupt geplant werden kann, benötigt das Projektmanagement (PM) zunächst die Aussagen der groben Analyse des Systems (Durchführbarkeitsuntersuchung). Das Projektmanagement umfasst dann alle planenden Tätigkeiten für die Systemerstellung und ist die übergeordnete Instanz zu allen Prozessen der Systementwicklung. Grundlegende Strategien und verbindliche Vorgaben werden durch das PM geliefert.

Weiterhin wird festgelegt, welche Methoden und Tools generell eingesetzt werden, welche Prozesse im Einzelnen durchlaufen werden und

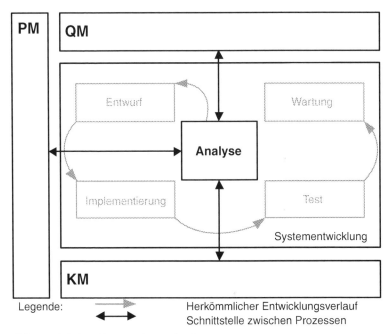

Abb. 1.2 Schnittstellen zu orthogonalen Prozessen

wie sie zusammenhängen. Durch einen vom PM erstellten Projektplan werden, für alle Beteiligten ersichtlich, verschiedene Dinge beschrieben. Nach dem V-Modell werden in einem Projektplan unter anderem der prinzipielle Projektablauf, Aufwände und Termine, einzusetzende Mittel (Personen und Geräte) und das Projektrisiko betrachtet. So wird dann auch für die Tätigkeit Analyse festgelegt, was genau analysiert werden soll, welchen Umfang die Systemanalyse hat, wie lange sie dauert und wie sie mit den anderen Prozessen zusammenspielt. Der Prozess des Projektmanagements ist iterativ: Nachdem die Analyse für einzelne Systemteile weiter fortgeschritten ist, bekommt das Projektmanagement ständig die aktuellen Ergebnisse und Statusmeldungen, um die Projektplanung den realen Gegebenheiten anpassen zu können.

Falls das System in Inkrementen (Teilen) erstellt wird, legt das PM zusätzlich die Definition der Inkremente fest. Dazu genügen dem PM zunächst grobe Systemanforderungen, um auf dieser Basis die Inkremente des Systems grob zu planen. Mit dem Fortschreiten des Projekts und detaillierteren Analyseergebnissen kann die Inkrementplanung dann auch weiter konkretisiert werden.

Ein wichtiger Bestandteil des Projektmanagements ist das Vertragsmanagement. Zu Projektbeginn umfasst es die Erstellung und Koordination des Vertrags. Später auch das Abstimmen von Vertragsänderungen. Da die Interessen des Arbeitgebers und des Arbeitnehmers teils weit auseinandergehen, empfiehlt es sich, von Anfang an Klarheit über die beiderseitigen Ziele zu schaffen. Während der Auftraggeber meist die Kosten und Zeitverzögerungen so gering wie möglich halten will, ist es das Ziel des Auftragnehmers, Sicherheit in Bezug auf die erwarteten Ergebnisse zu erlangen. Das daraus resultierende Tauziehen während des Aufsetzens des Vertrags kann also beginnen.

Als Erstes sollte eine Einigung über die Art des Vertrags erfolgen. Dabei hat man die Wahl zwischen einem Werksvertrag und einem Dienstvertrag, die sowohl aufwands- oder festpreisbasiert sein können. In der Projektrealität kommt es meist zu Mischformen dieser Möglichkeiten. Im Vertrag müssen alle vertragsrelevanten Artefakte vereinbart und verbindlich festgehalten werden. Dies erfolgt in Bezug auf die Systemspezifikation mittels des Lastenhefts oder einem auf Basis des Lastenhefts definierten Pflichtenhefts.

Qualitätsmanagement

Durch das Qualitätsmanagement (QM) soll sichergestellt werden, dass das System möglichst fehlerfrei entwickelt wird. QM umfasst dabei alle Maßnahmen, um die Qualität von Tätigkeiten und Ergebnissen sicherzustellen.

Dazu werden zum einen analytische Maßnahmen festgelegt, um die Qualität der einzelnen Tätigkeiten und erzeugten Ergebnisse definieren zu können. Zum anderen werden konstruktive Qualitätsmaßnahmen festgelegt. Diese sorgen dafür, dass Ergebnisse der Systementwicklung bestimmte Qualitätseigenschaften besitzen. Das V-Modell beschreibt QM folgendermaßen: Während der Analyse wird für jeden Entwicklungsgegenstand dessen Kritikalitätsstufe festgelegt. (Die Kritikalität gibt an, welche Bedeutung dem Fehlverhalten einer Systemkomponente beigemessen wird.) Das QM legt daraufhin erforderliche konstruktive Maßnahmen und analytische Prüfmaßnahmen je Kritikalitätsstufe fest. Die Systemanalyse beachtet bei der Erzeugung von Ergebnissen die konstruktiven Maßnahmen, das QM führt die analytischen Prüfmaßnahmen bezogen auf Tätigkeiten und Ergebnisse durch.

Ein gutes Hilfsmittel des Qualitätsmanagement sind Metriken. Mit ihrer Hilfe lässt sich die Qualität einer Anforderung oder eines Anforderungsdokuments messen. Des Weiteren stellen sie eine Möglichkeit dar, den Prozess der Methodeneinführung und -verbesserung zu überwachen, indem sie es ermöglichen, die erzeugte Qualität zu prüfen. Metriken dienen z. B. als Entscheidungsgrundlage sowie als Mittel der langfristigen Qualitätssicherung.

Konfigurationsmanagement

Das Konfigurationsmanagement (KM) stellt die Verwaltung aller Ergebnisse der Systementwicklung sicher und ordnet jedes Ergebnis einem definierten Gesamtstand zu. Konkret bedeutet dies, dass Dokumente, die während des Projekts erstellt werden und durch die Qualitätssicherung akzeptiert wurden, einer konkreten Konfiguration zugeordnet werden. Dazu zählen auch Dokumente, die während der Analyse erzeugt wurden.

Eine besondere Schnittstelle zwischen der Analyse und dem Konfigurationsmanagement besteht bei den Änderungsanträgen, die vom KM verwaltet werden. Wenn bereits bestehende Systemteile wieder geändert werden sollen, muss eine erneute Analyse der zu ändernden Komponenten und eine Analyse bzgl. möglicher Auswirkungen auf andere Teile des Systems durchgeführt werden.

Nachdem wir Ihnen hier gezeigt haben, wie sich die Systemanalyse in den Gesamtprozess der Systementwicklung einordnet, erfahren Sie im nächsten Kapitel, wie sich die Systemanalyse im Detail darstellt.

Systemanalyse im Überblick

2

2.1 Motivation

Zu Beginn einer Systementwicklung findet die Systemanalyse statt. Diese Aussage wird heutzutage in keinem Projekt mehr angezweifelt. Allerdings gibt es nach wie vor Projektleiter, für die Systemanalyse zwar selbstverständlich ist, denen aber unklar ist, wieso sie gerade in diese Aktivität viel Zeit und Geld investieren sollten. Trotz allzu bekannter Beispielprojekte aus der Industrie, die mehr denn je die Relevanz der Systemanalyse belegen, haben sie noch immer nicht verstanden, dass gerade die Systemanalyse im Entwicklungsprozess maßgeblich für den Erfolg oder auch Misserfolg eines Projekts verantwortlich ist.

Viele Projekte scheitern daran, dass die geplanten Kosten überschritten werden, der vorbestimmte Termin nicht eingehalten oder die gewünschte Qualität nicht erreicht wird. Dies sind keine Ausnahmen. Vorsichtig geschätzt verfehlt jedes zweite Projekt mindestens eines dieser drei Ziele. Die Ursachen hierfür sind primär in der Systemanalyse zu sehen. Wie soll der notwendige Projektaufwand realistisch auf den Tag genau geschätzt werden, wenn zum Zeitpunkt der Schätzung der Umfang des geplanten Systems und viele andere Größen noch gar nicht bekannt sind? Gerät der angepeilte oder vorgegebene Termin in Gefahr, wird entweder das Projektteam kurzfristig vergrößert oder weniger in qua-

SOPHIST GmbH, C. Rupp, *Systemanalyse kompakt*, IT kompakt,
DOI 10.1007/978-3-642-35446-5_2, © Springer-Verlag Berlin Heidelberg 2013

litätssichernde Maßnahmen investiert. Dies führt nicht nur zu höheren Personalkosten, sondern geht häufig auch mit erheblichem Nachbesserungsaufwand einher.

Ferner wurde in mittlerweile unzähligen Untersuchungen festgestellt, dass das Beheben von Fehlern, die während der Analysephase gemacht und erst spät im Entwicklungsprozess erkannt werden, weitaus länger dauert und damit kostspieliger ist als das Beheben von Fehlern, die während des übrigen Entwicklungsprozesses entstehen. Der Grund hierfür ist einleuchtend: Analyse-Fehler führen im Laufe des Projekts zu einer Reihe von Folgefehlern und können sich somit nahezu potenzieren. Je später ein Fehler, der in einer frühen Phase gemacht wird, gefunden wird, desto verheerender ist seine Auswirkung. Daher ist es unerlässlich, alle relevanten Anforderungen adäquat zu analysieren und zu dokumentieren. Erst auf dieser Grundlage wird eine realitätsnahe Aufwands- und Kostenabschätzung möglich.

Wer an der Systemanalyse tatsächlich beteiligt ist, wie der Prozess der Systemanalyse gestaltet werden sollte und wie man die typischen Fehler der Praxis vermeidet, erfahren Sie im weiteren Verlauf dieses Kapitels. Lesen Sie jedoch zunächst die Antwort auf die Frage . . .

2.2 Welche Ergebnisse bringt die Systemanalyse hervor?

Oft wird den Systemanalytikern vorgeworfen, sie würden nichts Handfestes erzeugen. Zeigen Sie den Kritikern folgende Aufstellung von Zwischen- und Endprodukten der Systemanalyse und stellen Sie die Frage nach der Konsistenz des später erzeugten Systems.

• Projekthandbuch (zum Beispiel nach V-Modell XT [VMXT04])
• Vision-Dokument (zum Beispiel nach RUP® [RUP01])
• Feature-Listen
• Stakeholder Requests (zum Beispiel nach RUP®)
• Änderungsanträge
• Anwenderforderungen (zum Beispiel nach V-Modell XT [VMXT04])
• Lastenhefte
• Fachkonzepte

- Software Requirements Specification, SRS (zum Beispiel nach RUP®)
- Technische Anforderungen (zum Beispiel nach V-Modell XT [VMXT04])
- Pflichtenhefte
- Feinspezifikation
- Testfälle
- Prüfspezifikationen
- User Interface Prototype (zum Beispiel nach RUP®)
- Glossare
- Kosten-Nutzen-Analysen
- Ausschreibungen
- …

Darin sind im Wesentlichen die Ergebnisse folgender Typen niedergeschrieben:

- Anforderungen verschiedener Kategorien,
- Begriffsmodelle,
- Schätzungen,
- Vereinbarungen mit Partnern.
- …

Nicht jedes der genannten Produkte wird für jedes konkrete Projekt erstellt. Die Wortwahl für die Produkte unterscheidet sich von Projekt zu Projekt. Es gibt vor allem bei den Produkten, die Anforderungen enthalten, viele inhaltliche Überschneidungen, wie anhand einiger Taxonomien deutlich werden wird.

Produkte der Analyse kategorisiert

Den Kern der Systemanalyse bilden die Anforderungen. Demnach wollen wir uns zunächst einmal mit diesen beschäftigen. Eine Anforderung gemäß IEEE ist definiert als [IEEE90]:

1. Eine Bedingung oder Fähigkeit, die von einem Benutzer (Person oder System) zur Lösung eines Problems oder zur Erreichung eines Ziels benötigt wird.

2. Eine Bedingung oder Fähigkeit, die ein System oder Teilsystem erfüllen oder besitzen muss, um einen Vertrag, eine Norm, eine Spezifikation oder andere, formell vorgegebene Dokumente zu erfüllen.
3. Eine dokumentierte Repräsentation einer Bedingung oder Eigenschaft gemäß (1) oder (2).

Aufgrund der hohen Wichtigkeit der Anforderungen, müssen diese strengen Qualitätskriterien genügen.

- Vollständig
  Jede einzelne Anforderung muss die geforderte und zu liefernde Funktionalität vollständig beschreiben.
- Korrekt
  Eine Anforderung ist korrekt, wenn sie vollständig die Vorstellung des Stakeholders, der sie formuliert hat, wiedergibt.
- Abgestimmt
  Eine Anforderung ist dann abgestimmt, wenn sie für alle Stakeholder korrekt ist und alle Stakeholder sie als gültige Anforderung akzeptieren.
- Klassifizierbar (bezüglich der juristischen Verbindlichkeit)
  Legen Sie für jede einzelne Anforderung die rechtliche Relevanz fest.
- Konsistent
  Anforderungen müssen gegenüber allen anderen Anforderungen konsistent, sprich widerspruchsfrei sein – unabhängig vom Abstraktionsgrad oder der Art.
- Prüfbar
  Eine Anforderung muss so beschrieben sein, dass sie testbar ist.
- Eindeutig
  Eine eindeutige Anforderung kann nur auf eine Art und Weise verstanden werden.
- Verständlich
  Die Anforderungen müssen für alle Stakeholder verständlich sein.
- Gültig und aktuell
  Eine Anforderung muss die Realität des Systems beschreiben.
- Realisierbar
  Es muss möglich sein, jede Anforderung innerhalb der bekannten Fähigkeiten, der Grenzen des Systems und seiner Umgebung einzusetzen.

- Notwendig
  Jede Anforderung sollte eine Leistung oder Eigenschaft fordern, die
  der Kunde tatsächlich benötigt oder die zur Anpassung an ein externes
  System benötigt wird.
- Verfolgbar
  Jede Anforderung muss für sich eindeutig zu identifizieren sein.
- Bewertet
  Ab einer gewissen Komplexität oder Größenordnung eines Systems
  ist es wichtig, die Anforderungen nach Wichtigkeit oder Priorität zu
  bewerten.

Sie sollten wissen, inwiefern sich jede Ihrer Anforderungen voneinander
unterscheidet. Besonders wichtig sind folgende Kriterien:

- Priorität und Kritikalität,
- Detaillierungsebene,
- Art der Anforderung,
- Art des Stakeholders,
- Rechtliche Verbindlichkeit.

Mit *Priorität* lässt sich allgemein jede Art von Stellenwert innerhalb einer Rangfolge bezeichnen. Bei Anforderungen kann so eine Rangfolge
z. B. nach Wichtigkeit oder Dringlichkeit oder beidem gebildet werden.
Manchmal wird anstelle von Priorität der speziellere Begriff Kritikalität
verwendet.

   Unter *Kritikalität* ist in diesem Zusammenhang eine Rangordnung
zu verstehen, nach der bewertet werden kann, wie schwerwiegend die
Auswirkungen sind, wenn eine Anforderung nicht erfüllt wird. Dabei
fließen oft der erwartete Schaden und die Eintrittswahrscheinlichkeit des
Schadens mit in die Bewertung ein. Denken Sie immer an die Priori-
sierung Ihrer Anforderungen, denn damit können Sie Dauer und Kosten
all jener Schritte in Ihrem Projekt steuern, in denen die Anforderungen
unmittelbar verarbeitet werden. Die Unterscheidung nach Priorität oder
Kritikalität spielt bei allen Produkten eine wichtige Rolle, deshalb lässt
sich keine Zuordnung einzelner Stellenwerte zu Produkten treffen.

   Logisch betrachtet lassen sich Anforderungen verschiedenen *Detaillierungsebenen* zuordnen. Die Anforderungen einer Ebene ergeben sich
durch die Verfeinerung von einer oder mehreren Anforderungen auf einer

Abb. 2.1 Zuordnung Detaillierungsebenen und Art zu Dokumenten

	Ebene					Art						
	0	1	2	3	4	funktional	technisch	Benutzerschnittstelle	Dienstqualität	sonstige Lieferbestandteile	Durchführung der Entwicklung	rechtlich-vertragliche Anforderungen
Projekthandbuch	x					x				x	x	
Vision-Dokument	x					x				x	x	
Feature-Listen	x					x				x	x	
Stakeholder Requests	x	x	x			x	x	x	x	x	x	x
Änderungsanträge	x	x	x	x	x	x	x	x	x	x	x	x
Anwenderforderungen		x	x			x			x	x	x	
Lastenhefte, Grobspezifikationen		x	x			x	x	x	x	x	x	x
Fachkonzepte		x	x			x	x	x	x	x	x	
Software Requirements Specification		x	x	x		x	x			x		
Technische Anforderungen			x	x		x	x	x	x			
Pflichtenhefte			x	x		x	x	x	x	x		
Feinspezifikation			x	x		x	x	x				
Prüfspezifikationen			x	x	x	x	x	x	x	x	x	x
Abnahmekriterien			x	x	x	x	x	x	x	x	x	
User Interface Prototype					x			x				

höheren Ebene. Daraus ergibt sich eine Hierarchie von Anforderungen, die in Abb. 2.1 darstellt sind. Die Tabelle zeigt, von welcher Ebene und welcher Art die Anforderungen typischerweise sind, die in den einzelnen Produkten enthalten sind.

Warum ist es sinnvoll, Anforderungen auf verschiedenen Detaillierungsebenen zu beschreiben? Sie können sie dadurch zielgruppenspezifisch darstellen. Ihre Dokumente werden leichter verständlich, und es kann zwischen verschiedenen Projektbeteiligten leichter ein gemeinsames Verständnis erzielt werden. Beachten Sie, dass grobe Anforderungen (Anforderungen einer Ebene mit niedriger Nummer) normalerweise interpretierbarer sind als detaillierte Anforderungen (Anforderungen einer Ebene mit hoher Nummer). Deshalb ist es gängige Praxis, dass der Auftragnehmer die Anforderungen des Auftraggebers feiner spezifiziert und diese dann vom Auftraggeber abnehmen lässt. Der Terminus „feiner" bedeutet dabei keineswegs „präziser formuliert". Anforderungen können auf jeder Ebene mehr oder weniger präzise formuliert werden. Damit erreichen Sie einerseits das erforderliche gemeinsame Verständnis, andererseits beschreibt der Auftragnehmer, wie er das System bauen will.

Neben der Detaillierungsebene spielt auch die *Art der Anforderung* eine besondere Rolle. In Abb. 2.1 wird insgesamt nach sieben Arten unterschieden, in die sich jede Anforderung einordnen lässt. Gerade die nicht funktionalen Anforderungen werden gerne vernachlässigt. An dieser Stelle fordern wir Sie daher explizit dazu auf, den entsprechenden Abschnitt weiter unten aufmerksam durchzuarbeiten. Die Klassifikation nach unterschiedlichen Anforderungsarten fördert die Lesbarkeit Ihrer Anforderungsdokumente. Der Grund ist einleuchtend: Jede Lesergruppe kann genau die Arten von Anforderungen herausfiltern, die für sie von Interesse sind. Der Rest wird einfach ausgeblendet. Dies spiegelt sich zum Teil auch in der Kategorisierung nach der Art des Stakeholders wider.

Je nachdem auf welcher Detaillierungsebene Sie sich befinden, haben Sie es mit unterschiedlichen *Stakeholder-Gruppen* zu tun, die entweder als Leser oder eben als Ersteller der Produkte fungieren. Die Zuordnung der Anforderungen auf die verschiedenen Ebenen erleichtert diesen Gruppen in erheblichem Maße die Arbeit mit dem jeweiligen Produkt. Das Produkt inkludiert nur genau das, was für die Tätigkeit des Stakeholders als relevant erscheint. Die Abb. 2.2 beschränkt sich auf die wichtigsten Stakeholder-Gruppen. Einen umfassenden Überblick über weitere Stakeholder-Gruppen und deren Zielsetzungen finden Sie in dem korrespondierenden Abschnitt weiter unten.

Normalerweise beinhalten Produkte der Systemanalyse auch Anforderungen aller möglichen *Grade an rechtlicher Verbindlichkeit*. Einige Produkte vernachlässigen aber auch die eher „weichen" Anforderungen. Hier sind insbesondere die bereits genannten Spezifikationen der Anforderungen durch den Auftragnehmer angesiedelt. Die Anforderungen des Auftraggebers werden vom Auftragnehmer auf ein technisch realisierbares und wirtschaftlich sinnvolles Niveau reduziert.

Abb. 2.2 Zuordnung Verbindlichkeit und Stakeholder zu Dokumenten

	Verbindlichkeit				Stakeholder					
	Pflicht	Wunsch	Absicht	Vorschlag	Management	Anwender	Wartungspersonal	Entwickler	Gesetzgeber	Andere
Projekthandbuch	x	x	x		x	x				x
Vision-Dokument	x	x	x		x	x				x
Feature-Listen	x	x	x	x	x	x				x
Stakeholder Requests	x	x	x	x	x	x	x	x	x	x
Änderungsanträge	x	x	x	x		x	x		x	x
Anwenderforderungen	x	x	x	x		x	x		x	x
Lastenhefte, Grobspezifikationen	x	x	x	x		x	x		x	x
Fachkonzepte	x	x	x	x		x	x		x	x
Software Requirements Specification	x	x	x			x	x	x		x
Technische Anforderungen	x	x						x		x
Pflichtenhefte	x	x						x		x
Feinspezifikation	x	x						x		x
Prüfspezifikationen	x					x		x		x
Abnahmekriterien	x					x		x		x
User Interface Prototype	x	x	x	x				x		x

Juristisch wirklich verbindlich, so einigt man sich üblicherweise, ist dann nur der Verbindlichkeitsgrad „Pflicht". Eine solche Vereinbarung impliziert, dass sich Entwickler immer darauf berufen könnten, nur die als „Pflicht" attributierten Anforderungen umzusetzen. In der Praxis wird der Grad an Verbindlichkeit jedoch eher dazu genutzt, das Wesentliche vom Unwesentlichen zu trennen. Wenn beispielsweise der Kosten- oder Termindruck sehr groß wird, konzentrieren sich Entwickler primär auf die Umsetzung der Pflicht-Anforderungen. Sie können sich aber nur dann auf das wirklich Wesentliche konzentrieren, wenn diese Information aus den Anforderungen hervorgeht. Alle anderen Grade dienen dazu, die wie auch immer formulierten Anforderungen besser verständlich zu machen. Deshalb sollten Sie Wunsch-, Absichts- oder Vorschlags-Anforderungen und Kommentare immer als solche kennzeichnen.

Ausprägungen von Produkten der Systemanalyse

Anforderungen können sehr verschieden ausgeprägt sein. So zählen etwa auch Testfälle zu den Produkten der Systemanalyse, da sie das Systemverhalten, wenn auch aus einer anderen Perspektive, oft noch genauer als eine beschreibende Anforderung spezifizieren. Statische und dynamische Modelle des Ist- oder Soll-Zustandes des Systems oder seiner Teile unterstützen die Anforderungen oder ersetzen sie sogar, etwa wenn mit funktionalen Prototypen das Verhalten oder mit Oberflächenprototypen das Aussehen und die Bedienung veranschaulicht werden. Gerne unterschätzt werden die bei der Systemanalyse entworfenen und strukturierten Begriffsmodelle, die normalerweise in Glossaren dargestellt und ferner durch spezielle Diagramme ergänzt werden.

Allerdings gibt es auch einige Produkte, die nicht direkt mit der fachlichen oder technischen Beschreibung eines Systems zusammenhängen. Gemeint sind solche Beschreibungen, die sich primär auf das Organisatorische beziehen. Dazu zählen alle Arten von Schätzungen zum weiteren Verlauf des Projektes oder den Kosten des Systems, aber auch Vereinbarungen mit Partnern wie beispielsweise Verträge zwischen Auftraggeber und Auftragnehmer. Auch diese sollten Sie wie Anforderungen an das System behandeln.

Schließlich bringt die Systemanalyse noch eine Reihe von Zwischenergebnissen hervor, die meist außerhalb der Systemanalyse-Tätigkeiten nicht mehr benötigt werden. Dazu zählen vor allem Stakeholder-Listen und Protokolle von Besprechungen und Interviews, aber auch Änderungsvorschläge und Änderungsmitteilungen.

Zwei der genannten Ergebnistypen sind von derart zentraler Rolle, dass sie im Folgenden näher erläutert werden sollen: die nicht funktionalen Anforderungen sowie die Begriffsmodelle.

Arten von Anforderungen

In der Systemanalyse unterscheidet man grob zwischen funktionalen und nicht funktionalen Anforderungen. Zur ersten Gruppe zählen alle Anforderungen, welche die Funktionalität des zu erstellenden Systems beschreiben. Wichtig ist, dass diese Anforderungen ausschließlich Antworten auf die Frage „Was soll das System machen?" geben. Alle anderen Anforderungen bilden – ganz simpel – die Gruppe der nicht funktionalen Anforderungen.

Nicht funktionale Anforderungen lassen sich in zwei Gruppen einteilen, in Qualitätsanforderungen und Randbedingungen. Qualitätsanforderungen beschreiben in welcher Qualität das System seine Aufgaben erfüllen soll. Sie beziehen sich in der Regel auf andere, funktionale Anforderungen und sollten daher nicht isoliert voneinander betrachtet werden. Die Randbedingungen schränken den Handlungsspielraum bei der Systementwicklung zusätzlich ein. Die beiden Gruppen lassen sich noch weiter untergliedern:

Qualitätsanforderungen
- Anforderungen an die Funktionalität (z. B. Genauigkeit einer Berechnung)
- Anforderungen an die Effizienz (z. B. Antwortzeitverhalten, Ressourcenverbrauch)
- Anforderungen an die Zuverlässigkeit (z. B. Fehlertoleranz)
- Anforderungen an die Benutzbarkeit (z. B. Bedienbarkeit, Erlernbarkeit)
- Anforderungen an die Änderbarkeit (z. B. Erweiterbarkeit des Systems)
- Anforderungen an die Übertragbarkeit (unter anderem auch Konformität zu Standards)

Randbedingungen
- Technische Anforderungen (z. B. Vorgaben an die Hardware, die Schnittstellen oder die Systemarchitektur)
- Anforderungen an die Benutzerschnittstelle (z. B. Vorgaben an die Benutzeroberfläche, Ergonomie)
- Anforderungen an sonstige Lieferbestandteile (z. B. an ein Betriebshandbuch oder produktbegleitende Schulungen)

- Anforderungen an die Durchführung der Entwicklung (z. B. Vorgehensmodell, zu erstellende (Zwischen-)Ergebnisse, anzuwendende Standards, vorgeschriebene Werkzeuge)
- Rechtlich-vertragliche Anforderungen (z. B. Zahlungsmeilensteine, Umgang mit Änderungen der Anforderungen, Service Level)

Die verschiedenen Arten von Anforderungen sind in Abb. 2.3 dargestellt.

In der Systemanalyse werden nicht funktionale Anforderungen nur allzu häufig vernachlässigt. Der Grund hierfür ist darin zu sehen, dass sie nicht für jeden auf Anhieb ersichtlich sind und allgemein als schwer zu spezifizieren und nachzuweisen gelten. Trotz der mit der Analyse von nicht funktionalen Anforderungen verbundenen Problematik stellen sie das notwendige Fleisch auf dem Skelett der funktionalen Anforderungen dar und tragen somit nicht unwesentlich zum Erfolg der Systementwicklung bei. Außerdem sind die nicht funktionalen Anforderungen häufig diejenigen, die – sofern sie erfüllt werden – den Kunden auch wirklich glücklich machen. Denn meist reicht das reine Erfüllen der Funktionalitäten nicht aus, sondern die Qualität, in der die Funktionalitäten erfüllt werden, macht das System zu etwas besonderem. Und diese Qualität spiegelt sich in den nicht funktionalen Anforderungen wider.

Aus pragmatischen Gesichtspunkten heraus betrachtet, bietet Ihnen die gewissenhafte Ermittlung und Analyse von nicht funktionalen Anforderungen zudem die Chance, Optimierungspotenziale für zukünftige IT-Projekte zu nutzen. So können Sie einmal erhobene und analysierte nicht funktionale Anforderungen in zukünftigen Projekten wiederverwenden und das meist ohne hohen Anpassungsaufwand. Nutzen Sie die aus anderen Systementwicklungen hervorgehenden nicht funktionalen Anforderungen als eine Art Checkliste. Eliminieren Sie die für das neue Projekt ungültigen nicht funktionalen Anforderungen oder passen Sie in den bestehenden nicht funktionalen Anforderungen die erforderlichen Parameter an. Wenn Sie die nicht funktionalen Anforderungen abgeschlossener Projekte an einer zentralen Stelle sammeln und verwalten, können Sie sich im Rahmen neuer Projekte aus diesem Pool jederzeit

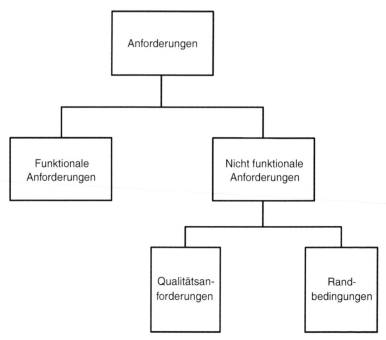

Abb. 2.3 Arten von Anforderungen

ausgiebig bedienen. Dadurch erreicht man langfristig gesehen auch in
diesem Bereich der Anforderungen eine recht vollständige Spezifikation.

Begriffsmodelle

Wenn Fachleute zusammensitzen und diskutieren, tut sich der Laie oft
schwer, allen Erklärungen zu folgen. Das ist ganz natürlich, denn jede
fachliche Domäne hat ihre eigene Sprache. Dieses Phänomen tritt allerdings auch innerhalb einer einzigen fachlichen Domäne auf, da nicht
alle Projektbeteiligten die gleichen Kenntnisse und Erfahrungen mitbringen. Damit nicht dasselbe Begriffswort von mehreren Personen mit
unterschiedlichen Bedeutungen verbunden wird, was unweigerlich zu

Missverständnissen führt, sollten alle in den Anforderungen verwendeten Begrifflichkeiten eindeutig definiert und für alle Stakeholder zugänglich gehalten werden.

Die Festlegung von Begriffsdefinitionen sollte nicht zwingend bereits im Vorfeld der Systemanalyse vorgenommen werden. Übernehmen Sie nicht unreflektiert vorhandene Definitionen, da häufig vielen Beteiligten der für die Kommunikation erforderliche gemeinsame Erfahrungshintergrund fehlt. Besser ist es daher, wenn sich die beteiligten Personen die Definitionen gemeinsam fachlich erarbeiten. Dadurch beschränken sie sich automatisch auf die wirklich notwendigen Begriffe und übernehmen die historisch bedingten Altlasten nicht einfach unreflektiert.

Ganz wichtig ist dabei auch das Definieren der Prozesswörter, also der Verben und Adverbien, durch die Prozesse beschrieben werden. Gerade in diesen steckt in der Regel eine Menge impliziter Informationen, welche durch präzise Definitionen für alle Projektbeteiligten offengelegt werden.

Die auf diese Weise definierten Begriffe fließen in das Begriffsmodell des Systems ein, das zugleich auch den fachlichen Ausgangspunkt eines Klassenmodells bilden kann. Das Begriffsmodell gibt die wesentlichen Konzepte und Gegenstände des Systems wider und zeigt, wie die Begriffe miteinander zusammenhängen.

2.3   Die vier Haupttätigkeiten der Systemanalyse

Die Systemanalyse gliedert sich in die vier in Abb. 2.4 dargestellten Haupttätigkeiten Anforderungen ermitteln, dokumentieren, prüfen und abstimmen und Anforderungen verwalten (gemeinhin als Requirements Management bezeichnet). Für eine einzelne Anforderung folgen die ersten drei Prozesse meist aufeinander. Verwaltet wird eine Anforderung natürlich erst dann, wenn sie bereits erhoben und dokumentiert wurde. Auf die komplette Systemanalyse bezogen laufen jedoch alle Prozesse mehr oder weniger parallel ab.

Gerade das Prüfen und Abstimmen kann als zweite Iteration des Ermittelns noch viele zusätzliche Anforderungen zutage fördern. Um

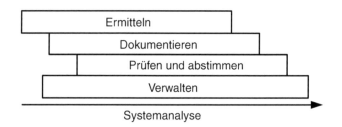

Abb. 2.4 Haupttätigkeiten der Systemanalyse

komplexen Systemen Herr zu werden, bleibt Ihnen ohnehin nichts anderes übrig, als das Teile-und-Herrsche-Prinzip anzuwenden und einzelne
Systemabschnitte nacheinander zu analysieren.

In jedem der genannten Analyseprozesse können unterschiedliche
Methoden zum Einsatz kommen. Die Auswahl der für jeden einzelnen Analyseprozess angemessenen Methoden wird primär durch die
Einflussfaktoren des zu entwickelnden Systems bestimmt. Bei der Wissensermittlung sind neben dem fachlichen Inhalt der Anforderungen
auch menschliche Einflussfaktoren wie Motivation der Stakeholder oder
gruppendynamische Aspekte zu beachten. Auch organisatorische Randbedingungen spielen bei der Wahl der eingesetzten Methoden eine nicht
unwesentliche Rolle. Insbesondere das Projektbudget oder auch die zeitliche und räumliche Verteilung der Stakeholder haben großen Einfluss
darauf, ob sich eine Methode für Ihr Projekt entweder mehr oder aber
weniger eignet. Weiterführende Informationen zu den verschiedenen
Methoden der Wissensermittlung finden Sie im Kapitel „Wissen professionell erheben".

Bei der Dokumentation des zu ermittelnden Wissens sollten Sie ebenfalls immer eine Dokumentationstechnik wählen, die zum jeweiligen
Systemumfeld passt. Welche Faktoren dabei eine Rolle spielen und
welche Dokumentationstechniken (natürlichsprachliche Anforderungen,
Use-Cases, Aktivitätsdiagramme etc.) entsprechend geeignet sind, erfahren Sie im Kapitel „Wissen geschickt dokumentieren".

Auch die Verwaltung von Wissen, speziell der Anforderungen, sollte nicht nach einem Standardschema ablaufen. Passen Sie auch hier
die Methoden den Projektbedingungen an. Können Anforderungen für

Folgeprojekte wiederverwendet werden, erscheint ein Mehraufwand zur Verwaltung derselben mehr gerechtfertigt, als wenn diese nur für das aktuelle Projekt zutreffen. Weitere Einflussfaktoren und Kriterien zur Verwaltung von Wissen sowie Kriterien für die Auswahl potenziell unterstützender Tools haben wir im Kapitel „Das wichtige Wissen richtig verwalten" für Sie zusammengestellt.

Im Kapitel „Wissen prüfen und abstimmen" finden Sie schließlich die notwendigen Details zum Prüfen und Abstimmen von dokumentiertem Wissen. Es werden Voraussetzungen, Bestandteile und Vorgehensweisen aufgezeigt, die Sie bei der Prüfung von erhobenem und dokumentiertem Wissen beachten sollten.

2.4   Wer ist an der Systemanalyse beteiligt?

Wie beschrieben geht es in der Systemanalyse vorrangig um das Ermitteln, das Dokumentieren, das Prüfen und Abstimmen sowie das Verwalten von Wissen. Im klassischen Sinne werden diese Tätigkeiten von einem Systemanalytiker erledigt. Ein Systemanalytiker ist im Rahmen seiner Tätigkeit jedoch auf den oder die Stakeholder angewiesen. Von ihnen ermittelt er das Wissen, das er dokumentiert und wiederum zusammen mit den Stakeholdern prüft und abstimmt.

Systemanalytiker

Welche Fähigkeiten muss ein erfolgreicher Systemanalytiker mitbringen? Da ist auf der einen Seite das fachliche Wissen, das für das Verständnis des Systems erforderlich ist. Auf der anderen Seite stehen sowohl die vom Fachlichen unabhängigen, persönlichen wie auch methodischen Kompetenzen, insbesondere

- die Fähigkeit zum analytischen Denken,
- die emphatischen Fähigkeiten,
- Moderations-, Kommunikations-, Überzeugungs- und Konfliktlösungsfähigkeiten,
- selbstbewusstes Auftreten,
- die Kenntnis von Methoden der Wissensermittlung,

- die Kenntnis der Wissensdokumentation,
- die Kenntnis der Verwaltung von Wissen und
- die Kenntnis um die Prüfung des dokumentierten Wissens und der hierfür notwendigen Tätigkeiten.

Im Rahmen dieses Buches können Sie vor allem die genannten methodischen Kompetenzen kennenlernen oder weiter vertiefen. Auch wenn der Nutzen des methodischen Wissens häufig unterschätzt wird, sind es gerade die nicht fachlichen Fähigkeiten und Fertigkeiten, die den guten Systemanalytiker ausmachen. Tatsächlich sollte der ideale Systemanalytiker zwar das zu erstellende System verstehen, jedoch nicht zu tief in die fachlichen Feinheiten verstrickt sein. Denn gerade dieser Grad an Abstraktion ermöglicht ihm ein objektives Vorgehen, das noch nicht von technischen Lösungen oder anderen fachlichen Details geprägt ist.

Ein solides methodisches Know-how bildet für den Systemanalytiker die Basis, Anforderungen ohne weiteres Fachwissen zunächst auf einer ersten groben Ebene zu erheben und sie dann Schritt für Schritt systematisch zu zerlegen und zu verfeinern. Im weiteren Verlauf der Systemanalyse nimmt mit jeder Verfeinerung auch das fachliche Wissen zu, also die Kenntnis über die Fachlichkeit des Systems.

Somit sollte klar geworden sein, dass es zu Beginn der Systemanalyse weder möglich noch erforderlich ist, bereits alle Anforderungen an das System zu kennen. Welches Wissen wann genau und in welcher Form gebraucht wird, hängt letztendlich vom verwendeten Vorgehensmodell ab. In wasserfallartigen Modellen werden erst alle Anforderungen erhoben und anschließend Designentscheidungen getroffen. Im Gegensatz dazu wird bei agilen Vorgehensweisen, wie beispielsweise dem eXtreme Programming, gefordert, das notwendige Wissen erst dann zu ermitteln, wenn es auch implementiert werden soll. Zu diesem Zeitpunkt sind unter Umständen bereits sehr viele Designentscheidungen getroffen worden, die dann sukzessive überarbeitet werden müssen.

Für welches Vorgehensmodell Sie sich entscheiden sollten, hängt letztendlich von vielen Randbedingungen, wie der Größe, Komplexität und Lebensdauer Ihres Systems, dem weiteren Verwendungszweck, Ihren Mitarbeitern, aber auch dem gewählten Vertragsmodell, ab. Einzelheiten hierzu erfahren Sie in den nächsten Abschnitten dieses Kapitels.

Stakeholder

Als Stakeholder werden alle Personen und Organisationen bezeichnet, die die Anforderungen direkt oder indirekt beeinflussen. Neben den zukünftigen Benutzern zählen unter anderem auch die Entwickler, das Wartungspersonal oder Trainer zukünftiger Benutzer des Systems zu den Stakeholdern. All diese Personen verfolgen teils unterschiedliche Ziele und stellen somit auch unterschiedliche Forderungen und Randbedingungen an das neue System. Genau diese sind im Rahmen der Systemanalyse zu sammeln und zu bewerten. Da es nicht immer möglich ist, die Wünsche jedes einzelnen Stakeholders zu ergründen, werden häufig Repräsentanten einer bestimmten Rolle als Ansprechpartner gewählt. Diese sollten immer das Vertrauen der restlichen Gruppe genießen und darüber hinaus über eine Menge Erfahrung und Wissen im Hinblick auf die fachliche Domäne verfügen.

Nehmen Sie die Stakeholder rechtzeitig ins Boot. Dabei geht es nicht nur um die Anforderungen an das System an sich, sondern es sollte auch immer der „menschliche" Faktor Berücksichtigung finden. Wer sich übergangen fühlt, lehnt eher ein neues System ab, egal wie gut oder schlecht dieses sein mag. Wenn Sie beispielsweise ein neues System oder eine neue Software für Ihre Personalabteilung einführen wollen, integrieren Sie den Betriebsrat von Beginn an. Sonst fühlt er sich eventuell übergangen und boykottiert das Projekt, obwohl das System resp. die Software seinen Ansprüchen völlig entspricht. Schlimmstenfalls kann er Ihr gesamtes Projekt zum Kippen bringen.

Nachfolgend finden Sie eine Auflistung der potenziell in Ihr Projekt zu involvierenden Stakeholder-Gruppen und ihren jeweiligen Hauptinteressen. Zielsetzung dieser Liste ist weniger, einen Anspruch auf Vollständigkeit zu erheben, sondern eher, Ihnen ein Gefühl zu vermitteln, wie umfangreich der Kreis der Stakeholder werden kann. Interessierte Leser werden an dieser Stelle auf C. Rupp verwiesen, die in [REM09] die möglichen Stakeholder-Gruppen und ihre Merkmale noch deutlich umfassender darstellt.

- Management: Unternehmensziele
- Anwender des Systems: Funktionalität und Bedienbarkeit

- Wartungs- und Servicepersonal: Wartung und Service des Systems
- Schulungs- und Trainingspersonal: Vermittelbarkeit und Dokumentation
- Käufer des Systems: Lizenzkosten, Vertragskonditionen, Preis
- Marketing und Vertrieb: Funktionalität, Design
- Entwickler: Technik, Umsetzbarkeit
- Projekt- und Produktgegner: Anpassen der Projektziele
- Produktentsorger: Umweltschutz, Recyclebarkeit
- Sicherheitsbeauftragte: Absicherung gegen Fehlverhalten und Fremdzugriffe
- Betriebsrat: Mitarbeiterinteressen
- Personen aus anderen Kulturkreisen: Rahmenbedingungen (wie beispielsweise Verwendung von Symbolen, Farben, ...)
- Gesetzgeber: rechtliche Rahmenbedingungen
- Standardisierungsgremien: externe und firmeninterne Standards (wie beispielsweise Qualitätsmanagementhandbuch, ...)
- ...

Gehen Sie zu Beginn Ihres Projekts diese Liste im Sinne einer Checkliste durch. Überlegen Sie, welche Rollen Sie in Ihrem Projekt benötigen und ordnen Sie den Rollen in dieser Liste konkrete Personen als Repräsentanten zu. Vergessen Sie dabei nicht, neben Kontaktangaben (E-Mail-Adresse, Telefonnummer) auch Angaben über die Verfügbarkeit (Urlaub, Vollzeit/Teilzeit) der Person zu machen.

2.5   Vorgehensweisen für die Systemanalyse

Die unterschiedlichen Vorgehensvorgehensweisen, die in der Systemanalyse Anwendung finden, unterscheiden sich vor allem in der Reihenfolge, in der die Tätigkeiten ausgeführt werden. In der Praxis haben sich vor allem die folgenden Vorgehen etabliert:

- Wasserfallartiges Vorgehen:
  Das Gesamtsystem wird vollständig analysiert, bevor die Analyseergebnisse in den nachgelagerten Phasen des Projekts weiterverwendet werden.

- Inkrementelles Vorgehen:
  Die Analyse des Gesamtsystems erfolgt in Teilen mit einem ständigen, sukzessiven Zuwachs an analysierten Teilbereichen. Die Teile orientieren sich hierbei häufig an unterschiedlichen Anforderungsarten oder verschiedenen Schnittstellen.
- Anwendungsfallgetriebenes Vorgehen:
  Als Spezialfall des inkrementellen Vorgehens bilden die einzelnen Anwendungsfälle das zentrale Strukturierungselement des Vorgehens. Voraussetzung hierfür ist, dass zunächst alle Anwendungsfälle ermittelt werden.
- Agiles Vorgehen:
  Als Extremform des inkrementellen Vorgehens wird keine Tätigkeit ohne unmittelbaren Bedarf durchgeführt. Anforderungen an einen Systemteil werden genau dann ermittelt und geprüft, sobald dieser Teil entwickelt werden soll. Die Dokumentation erfolgt weitestgehend im Code selbst.

Alle Vorgehensweisen lassen sich gut mit dem Prinzip des Iterierens kombinieren. Dabei werden vorhandene Analyseergebnisse zu spezifischen Systemteilen wiederholt geprüft und verbessert, indem die Analyseprozesse für diese Systemteile wiederholt durchlaufen werden.

Leider gibt es kein Patentrezept für den Ablauf der Systemanalyse. Von den oben genannten Vorgehensweisen kann jede einzelne als Anhaltspunkt dienen. Auch besteht die Möglichkeit, einzelne Vorgehen miteinander zu kombinieren. In der Praxis hat sich beispielsweise die Integration von iterativem, inkrementellem und anwendungsfallgetriebenem Vorgehen in ein Vorgehensmodell bereits mehrfach bewährt.

Um das für Ihr Projekt geeignete Vorgehensmodell zu finden, sollten Sie Größe und Komplexität Ihres Projekts oder Systems zusammen mit dem Vertragsmodell und dem Projektklima beachten. Zunächst sind die rechtlichen Rahmenbedingungen des Projekts wichtig. Betrachten Sie dabei folgende Alternativen:

- In-House-Projekt oder Ausschreibung,
- Kosten oder Funktionalität,
- triviales Problem oder hochkomplexes Vorhaben,
- nur das Produkt oder auch „Nebenprodukte",
- Kooperation oder eigener Vorteil.

In-House-Projekt oder Ausschreibung

Stehen alle Projektbeteiligten, also sowohl Auftraggeber als auch Auftragnehmer, auf einer Gehaltsliste und wollen ein gemeinsames Ziel
erreichen? Oder wird das Projekt auf Basis der Anforderungen national
oder gar international ausgeschrieben, was womöglich eine jahrelange
Bindung an eine fremde Firma bedeutet? Ist eine Trennung zwischen
Auftraggeber und Auftragnehmer vertraglich definiert?

Wenn alle zusammenarbeiten, ist es nicht erforderlich, bereits zu Beginn des Projekts alle Anforderungen zu kennen. Dies spricht für den
Einsatz eines inkrementellen Vorgehens, bei dem immer nur der Teil der
Anforderungen vollständig bekannt sein muss, der im nächsten Schritt,
der Implementierung des Inkrements, erforderlich ist. Dies führt zu einem stufenweisen Anwachsen der Funktionalität. Die Extremform einer
solchen Vorgehensweise ist das beschriebene agile Vorgehen, bei dem
Sie erst beginnen, Anforderungen für einen Systemteil zu ermitteln,
wenn er mit der Realisierung an der Reihe ist.

Bei Ausschreibungen liegt die Sache anders, denn hier müssen die
Anforderungen vermeintlich vollständig bekannt sein, ehe sie Vertragsbestandteil werden. Nun liegt es in der Natur von Anforderungen an
Softwaresysteme, dass sie sich mit der Zeit ändern. Ferner sind sie
im Allgemeinen auch unvollständig, da das Wissen über die notwendigerweise zu erfüllenden Systemanforderungen zu Projektbeginn noch
lückenhaft ist und erst im Projektverlauf stetig anwächst. Ein Vertrag
mit fixierten Anforderungen muss beides zwingend berücksichtigen und
definierte Möglichkeiten vorsehen, die Anforderungen nach Vertragsabschluss zu überarbeiten. So ergibt sich vor der Ausschreibung ein
wasserfallartiges Vorgehen. Das weitere Vorgehen können Sie dann über
den Vertragstext regeln. Mehr zum Thema Vertragsmanagement finden
Sie im Kapitel „Systemanalyse erfolgreich organisieren".

Kosten oder Funktionalität

Sind die Entwicklungskosten für das Projekt auf eine bestimmte Summe
begrenzt, und muss im schlimmsten Fall auf Funktionalität verzichtet

werden, um somit die Kosten nicht überschreiten zu müssen? Oder muss die Funktionalität auf alle Fälle vollständig implementiert sein, weshalb gegebenenfalls höhere Kosten in Kauf genommen werden?

Wenn die Gefahr besteht, dass am Ende bestimmte Teile der Funktionalität nicht mehr implementiert werden können, sollten Sie einzelne Funktionsblöcke implementieren, die jeweils zusammengenommen ein nützliches System ergeben. Dies spricht für ein inkrementelles Vorgehen, das sich beispielsweise an Anwendungsfällen orientiert. Durch das Priorisieren der einzelnen Anwendungsfälle stellen Sie sicher, dass zumindest die wichtigsten Funktionen implementiert werden. Denkbar ist dann auch ein agiles Vorgehen, zeichnet es sich doch gerade dadurch aus, dem Nutzer jederzeit ein lauffähiges System zur Verfügung zu stellen.

Spielt Geld keine Rolle und muss die Funktionalität auf alle Fälle vollständig implementiert werden, so sind alle Vorgehensweisen denkbar. Speziell bietet sich allerdings ein inkrementelles Vorgehen an, da es den unvermeidbaren Änderungen in den Anforderungen besser Rechnung tragen kann.

Triviales Problem oder hochkomplexes Vorhaben

Haben Sie das System oder zumindest ein sehr ähnliches bereits einmal gebaut? Haben Sie Erfahrung mit sehr ähnlichen Problemstellungen? Ist die Dauer der Entwicklung gut abzuschätzen? Oder überblicken Sie den Umfang und die Zusammenhänge des zukünftigen Systems nicht wirklich? Können Sie keinen Termin angeben, an dem das System mit z. B. 75 %iger Wahrscheinlichkeit realisiert ist?

Wählen Sie das Vorgehen nach der Antwort auf diese Fragen. Inkrementelle Entwicklungen wenden das Teile-und-Herrsche-Prinzip an, indem sie selbst komplexeste Systeme in mundgerechte Einheiten zerlegen. Demgegenüber ist es durchaus angemessen, bei einfachen Problemen die Systemanalyse zuerst vollständig abzuschließen. Meist gehen solche Projekte auch mit einer relativ kurzen Entwicklungszeit einher, so dass der Effekt schleichender Änderungen in den Anforderungen vernachlässigt werden kann.

Nur das Produkt oder auch „Nebenprodukte"

Müssen Sie am Ende nur das lauffähige Produkt liefern? Oder gehören auch „Nebenprodukte" wie Source-Code, Handbücher und Beratungsleistung mit zum Systemumfang?

Können Sie die erste Frage mit Ja beantworten, so können Sie sich den Aufwand für eine ausführliche Benutzerdokumentation sparen. Investieren Sie daher nur so viel Aufwand in Nebenprodukte, wie Sie diese für sich selbst benötigen, etwa für die spätere Wartung und Weiterentwicklung. Treffen Sie die Entscheidung für das Erstellen eines Nebenprodukts nach den Grundsätzen der agilen Systementwicklung. Erstellen Sie beispielsweise nur dann Nebenprodukte, wenn jemand beim Auftragnehmer oder Auftraggeber dieses Nebenprodukt fordert und auch bereit ist, dafür zu zahlen.

Kooperation oder eigener Vorteil

Ist eine gute Kooperation zwischen allen Projektbeteiligten gegeben? Ziehen alle am gleichen Strang? Oder kämpft jeder aus finanziellen oder anderen Gründen nur für seinen eigenen Vorteil?

Dokumentieren Sie im letzteren Fall alle Absprachen, Spezifikationen etc. rechtzeitig und auch schriftlich. Dies gilt auch für jede Art von Änderung. Da ein sehr agiles Vorgehen, wie beispielsweise eXtreme Programming, auf Vertrauen und Kooperation der Projektbeteiligten beruht, ist es für eben solche Fälle denkbar ungeeignet.

2.6 Klassische Probleme der Praxis und ihre Lösung

Einige Schwierigkeiten treten in der Praxis immer wieder auf. Generell sind die meisten Unternehmen so geprägt, dass sie entweder zu wenig oder aber zu viel Systemanalyse betreiben. Zu wenig, wenn die Gefahren einer nachlässigen Systemanalyse noch nicht erkannt sind, und zu viel, wenn dieses Defizit überkompensiert wird. Die Kunst besteht also darin, noch einen weiteren Schritt zu gehen und ein gesundes Maß für jede Maßnahme zu finden.

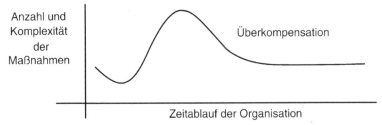

Abb. 2.5   Maßnahmen der Systemanalyse als Funktion der Zeit

Folgende Aspekte der Systemanalyse führen oft zu Schwierigkeiten:

- die zu komplizierte Verwaltung des Wissens,
- das ungeeignete Analyse-Team,
- die ungeeignete Vorgehensweise,
- die falsche Aufwandsschätzung,
- die unerreichbaren Stakeholder und schließlich,
- einige spezielle Schwierigkeiten beim Ermitteln, Dokumentieren, Verifizieren und Validieren und Verwalten von Wissen.

Zu komplizierte Wissensverwaltung

Gerade Analytiker-Teams, die über wenig praktische Erfahrung verfügen, tendieren dazu, sich in methodischen Dingen zu verzetteln. Sie praktizieren innerhalb der vier Analyseprozesse sehr komplizierte Verfahrensweisen, versehen Workflows mit zu vielen Stationen und Wissens-Darstellungen mit zu vielen Attributen. Der Gedanke, den kompletten Ablauf der Systemanalyse und die resultierenden Ergebnisse von vorne bis hinten durchzustrukturieren, erscheint vielen als sehr verlockend. Wer aber hier übertreibt, hat die Rechnung ohne den Menschen gemacht.

Die an den Systemanalyseprozessen Beteiligten werden unvermeidbar nachlässig, und zwar umso mehr, je länger diese Prozesse andauern. Attribute werden nicht mehr ausgefüllt und definierte Abläufe unterlaufen. Orientieren Sie sich deshalb bei der Planung der Systemanalyse an einem wesentlichen Grundgedanken der agilen Systementwicklung: Reisen Sie nicht ohne Koffer, aber auch nicht gleich mit dem gesamten Kleiderschrank. Fragen Sie sich bei jeder Idee, die zu einer Unterstützung ihres Prozesses beitragen soll, ob sie wirklich den erhofften Nutzen stiftet. Nehmen Sie nur solche in Ihr Prozessmodell oder Ihr Werkzeug auf, für die Sie einen unmittelbaren Nutzen erkennen oder für die Sie einen Sponsor haben.

Ungeeignetes Analyse-Team

Die Auswahl der Stakeholder-Vertreter und der Analytiker ist für jedes Projekt besonders kritisch, wenn die Beteiligten Neuland betreten. Gerade dann ist die Gefahr besonders groß, von Beginn an in eine falsche Richtung zu steuern und den falschen Kurs erst sehr spät zu bemerken. Überzeugen Sie deshalb die Verantwortlichen, dass es zum Legen eines soliden Grundsteins erfahrener und fähiger Mitarbeiter bedarf. Folgende Richtlinien haben sich bisher für die meisten Problemstellungen und Projektgrößen als praktikabel erwiesen: Stellen Sie zumindest am Anfang ein eher kleines Analytikerteam, idealerweise mit zwei Personen, zusammen. Zwei Analytiker können sich gut gegenseitig auf Denkfehler aufmerksam machen. Ab einer Teamgröße von ungefähr vier Personen wird die Weitergabe von Informationen im Verhältnis zum Ergebnis zu aufwendig.

Die Anzahl der Stakeholder-Vertreter richtet sich nach der Anzahl der relevanten Stakeholder-Gruppen. Viele Projekte kommen zunächst mit nur einem Stakeholder aus, der einen guten Überblick über den Gegenstandsbereich hat. Gibt es mehr als drei relevante Stakeholder-Gruppen, so wird es normalerweise schwierig, alle Interessen unter einen Hut zu bekommen. In diesem Fall sollten Sie das Problem zuerst auf einer abstrakteren Ebene betrachten und das Teile-und-Herrsche-Prinzip anwenden. Analysieren Sie das Problem also zuerst in seiner vollen Breite und gehen Sie anschließend schrittweise in die Tiefe. Sobald Sie in der Breite abgrenzbare Teile identifiziert haben, ist es ferner sinnvoll, das Analyse-Team personell aufzustocken und Gruppen für die einzelnen Teile zu bilden.

Ungeeignete Vorgehensweise

Leider kranken viele Projekte am Irrglauben, man könnte alle Anforderungen vollständig ermitteln, eindeutig dokumentieren und zuverlässig prüfen, bevor mit der Lösung des Problems begonnen wird. Obwohl dies eigentlich nur für triviale Systeme möglich ist, sieht das Vertragsmodell diesen Ansatz oft auch für wirklich komplexe Entwicklungen vor.

Erfahrungsgemäß weisen Projekte in dem Zeitraum, der zwischen Beginn der Systemanalyse und dem Einsatz des Systems in der Praxis verstreicht, eine Änderungsrate von monatlich 3 % aller Anforderungen auf. Das klingt erst einmal nicht viel, bedeutet aber, dass nach einem Jahr Entwicklungsdauer bis zu einem Drittel der bereits erhobenen Anforderungen überholt ist. Langwierige Systemanalysen müssen sich also ständig selbst revidieren, bevor sie ein Ergebnis zur weiteren Verwendung freigeben können.

Auf diese ernüchternde Tatsache kann nur mit einer inkrementellen Vorgehensweise reagiert werden. Die Einheiten, die zuerst analysiert und dann entwickelt werden, sollten einerseits so klein wie möglich sein, andererseits die härtesten der bereits bekannten Rahmenbedingungen berücksichtigen. Nur so kann sichergestellt werden, dass der Nutzer auch schnell zu einem „nützlichen" System kommt, selbst wenn dieses noch nicht alles kann, was insgesamt gewünscht ist. Wichtig ist allerdings, dass bereits die erste Entwicklung auf einer soliden Architektur aufsetzt, die sich im Projektverlauf nur noch unwesentlich ändert.

Falsche Aufwandsabschätzung

Zu den klassischen Problemen in der Projekt-Realität gehört, dass die einzelnen Projektabschnitte länger dauern und mehr kosten als geplant. Einer der Hauptgründe dafür ist ganz offensichtlich: Die Schätzungen, die zu Beginn des Abschnitts gemacht wurden, waren schlichtweg nicht angemessen präzise.

Sie sind also nur dann in der Lage, das Ende dieser Tätigkeiten für einen Systemteil mit hinreichender Wahrscheinlichkeit abzuschätzen, wenn Sie sehr ähnliche Rahmenbedingungen vorfinden wie bei einem Ihrer letzten Projekte, oder wenn Sie sehr erfahren im Schätzen sind.

Zu diesen Rahmenbedingungen zählen neben der Problemstellung auch die verfügbaren Ressourcen und ob und wie die beteiligten Personen aufeinander eingespielt sind. Nun sind ähnliche Rahmenbedingungen eher selten. Es lässt sich jedoch an der Erfahrung des Schätzers arbeiten. Dieser muss konsequent Daten zu seinen Schätzungen und den tatsächlich benötigten Größen wie Zeit, Geld und Qualität sammeln, um Fehler in seinen Schätzwerten erkennen und korrigieren zu können.

Als unerfahrener Schätzer liegen Sie eher richtig, wenn man Sie iterativ oder auf der Basis von Prototypen schätzen lässt. Im Verlauf der einzelnen Schritte lernen Sie Ihr Projekt und damit beispielsweise das Projektteam, mögliche Probleme, Reaktionszeiten sowie vollständige Anforderungen immer besser kennen und können daher auch die notwendigen Aufwände für das Erreichen bestimmter Meilensteine besser abschätzen. Eine Aufwandsschätzung etwa zur Halbzeit eines Projektabschnitts wird daher meistens realistischer ausfallen als eine zu Beginn angefertigte. Da in der Regel iterativ und inkrementell entwickelt wird, kennen Sie meist zu Beginn eines Projekts nicht alle Anforderungen bis ins Detail, sondern z. B. nur die für das nächste Inkrement notwendigen. Darum ist eine präzise Schätzung auch nur für die Aufwände des nächsten bekannten Inkrements möglich.

Leider lassen sich keine allgemeingültigen Zahlen für Aufwandsschätzungen angeben. Im Allgemeinen wird jedoch der Faktor Mensch gehörig unterschätzt. Wenn Sie mit einer neuen, bunt zusammengewürfelten Projektgruppe arbeiten, sollten Sie die Projektdauer zunächst deutlich höher einschätzen als in früheren Projekten, selbst wenn Sie die einzelnen Mitarbeiter als sehr kompetent einschätzen. Erfahrungsgemäß entstehen im sozialen Gefüge neuer Teams immer wieder Reibungsverluste.

Unerreichbare Stakeholder

Ein wichtiger Punkt ist auch die Zeit, die den beteiligten Personen für das Projekt zur Verfügung steht. Es genügt nicht, eine großzügig erscheinende Anzahl von Personen für die Systemanalyse zu benennen. Diese müssen auch ausreichend Zeit für das Projekt zur Verfügung gestellt bekommen. Vor allem Experten, die mit ihrem Fachwissen den Analytiker unterstützen sollen, sind häufig wegen anderer Projekte oder dem „Alltagsgeschäft" nicht weiter belastbar. Damit ein Projekt nicht daran scheitert, dass zwar alle Rollen besetzt, aber nicht ausgefüllt werden, muss von Anfang an festgehalten werden, welcher Projektbeteiligte wie viel Zeit in das Projekt investieren wird. Dies sollte auch offiziell von den Verantwortlichen genehmigt werden.

Bei Projekten, die ein externes Unternehmen beim Kunden vor Ort durchführt, sollten Sie sich die Mitarbeit des Kunden von den Vorgesetzten schriftlich bestätigten lassen, und zwar am besten mit der Angabe, wie viel Prozent der wöchentlichen Arbeitszeit für das Projekt autorisiert werden. Für Mitarbeiter, die über einen längeren Zeitraum vollständig in dem Projekt arbeiten, sollte dies kein Problem sein. Schwieriger ist es für Personen, die nur ab und an für Interviews oder Ähnliches zur Verfügung stehen sollen. In diesem Fall schaffen Sie mit einer schriftlichen Erlaubnis, z. B. 10 % der Arbeitszeit des Mitarbeiters belegen zu dürfen, sowohl beim Mitarbeiter als auch beim Vorgesetzten das nötige Bewusstsein, dass gegebenenfalls andere Tätigkeiten verschoben werden müssen.

Verlassen Sie sich jedoch auf die Aussage „meine Mitarbeiter werden sich dann schon die Zeit nehmen", so können Sie sicher sein, dass diese Mitarbeiter die für das Projekt notwendige Zeit zusätzlich zu ihren normalen Tätigkeiten aufbringen müssen. Dies wird die Mitarbeiter umso mehr frustrieren, je mehr Zeit sie für das Projekt verwenden müssen.

Weitere Probleme und ihre Lösungen

Alle vier Prozesse der Systemanalyse, die Wissensermittlung, Wissensdokumentation, Wissensverifizierung und -validierung und Wissensverwaltung, haben ihre spezifischen Probleme und Lösungen. Genaueres hierzu finden Sie in den nachfolgenden Kapiteln dieses Buches.

Wissen professionell erheben 3

Wissen Sie, wie Sie am besten an die bewussten, unbewussten und unterbewussten Anforderungen Ihrer Kunden und Projektpartner herankommen? Moderne Methoden des Requirements Engineering bieten Ihnen zahlreiche Alternativen, die Wünsche Ihrer Kunden an ein System zu ermitteln. Der geschickte Einsatz von Ermittlungstechniken ist eine projektentscheidende Schlüsselkompetenz auf dem Weg zu Systemlösungen, die das Herz aller Betroffenen höher schlagen lassen und dabei in „Internetzeit" fertig sein müssen.

Sicherlich kennen aber auch Sie die Situation, dass im Projekt das finanzielle und zeitliche Budget knapp bemessen ist. Sie wollen und müssen trotzdem ein fundiertes Wissen über das zu erstellende System erlangen, um Ihren Kunden schlussendlich mit dem Produkt zufrieden zu stellen. Die Frage „Wozu benötige ich eigentlich Anforderungen?" ist damit bereits beantwortet. Sie löst aber eine Kettenreaktion aus, denn nun stehen Sie folgenden Fragen gegenüber:

- Welches Wissen brauche ich über das zu erstellende System?
- Wann spätestens brauche ich welches Wissen?
- Wie gelange ich am einfachsten und sichersten an die Wünsche meiner Kunden?

All diese Fragen zu beantworten, hat ein anderes Buch gefüllt [REM09]. Dass Sie detailliertes Wissen darüber benötigen, was Ihr System leisten soll, gilt inzwischen als Selbstverständlichkeit, nur die Wahl des richtigen Augenblicks wird häufig heiß diskutiert. Wie Sie allerdings an das

SOPHIST GmbH, C. Rupp, *Systemanalyse kompakt*, IT kompakt,
DOI 10.1007/978-3-642-35446-5_3, © Springer-Verlag Berlin Heidelberg 2013

benötigte Wissen gelangen, scheint immer noch ein großes Mysterium zu sein. Oder kennen Sie etwa nicht Aussagen wie „der Kunde weiß einfach nicht, was er will..."?

Ein grundlegendes Problem bei der Ermittlung der Anforderungen ist die Tatsache, dass die Anforderungen beim Stakeholder nicht immer präsent sind, so dass der Stakeholder ohne böse Absichten zu haben Ihnen einfach nicht alle Anforderungen auf Anhieb nennen kann. Auch werden mache Anforderungen als selbstverständlich vorausgesetzt und aus diesem Grunde nicht explizit formuliert. Allerdings sind diese Selbstverständlichkeiten nicht für alle Projektbeteiligten selbstverständlich und so kann es passieren, dass wichtige grundlegende Merkmale eines Systems schlichtweg vergessen werden. Was dies für den Erfolg des Systems bedeutet, zeigt das Kano-Modell.

3.1   Das Kano-Modell

Für die Anforderungsermittlung ist es entscheidend zu wissen, welche Bedeutung die Anforderungen für die Zufriedenheit Ihrer Stakeholder haben. Das von Dr. Noriaki Kano bereits 1978 vorgestellte Kano-Modell teilt die Merkmale eines Produkts in drei Kategorien ein. Diese Kategorien haben einen unterschiedlichen Einfluss auf die Zufriedenheit des Kunden mit dem Produkt. Kano unterteilt Features in folgende Kategorien:

* **Basisfaktoren** sind als selbstverständlich vorausgesetzte Merkmale.
* **Leistungsfaktoren** sind die bewusst verlangte Merkmale.
* **Begeisternde Faktoren** sind Merkmale des Produkts, die der Kunde nicht kennt und erst während der Benutzung als angenehme Überraschung entdeckt.

Wie die Grafik in Abb. 3.1 zeigt, ist die Zufriedenheit eines Kunden mit dem System abhängig von dem Erfüllungsgrad der einzelnen Faktoren. Je mehr die Faktoren erfüllt sind, desto zufriedener kann der Kunde mit dem System sein. Wichtig ist dabei vor allem die Wirkung der unterschiedlichen Arten der Faktoren. Sind nicht alle begeisternde oder Leistungsfaktoren erfüllt, kann der Kunde trotzdem noch zufrieden sein.

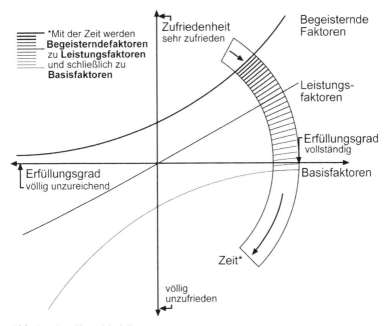

*Mit der Zeit werden **Begeisterndefaktoren** zu **Leistungsfaktoren** und schließlich zu **Basisfaktoren**

Abb. 3.1 Das Kano-Modell

Sobald aber nur ein Basisfaktor nicht erfüllt ist, wird der Kunde unzufrieden sein. Vielmehr kann das Fehlen von Basismerkmalen prinzipiell als Fehlentwicklung angesehen werden.

Es ist aber noch komplizierter, denn die Faktoren ändern sich im Laufe der Zeit. Wenn sich die Begeisterungsfaktoren am Markt durchsetzen, ziehen immer mehr Produzenten mit gleichartigen Merkmalen nach. Dann werden aus Begeisterungsfaktoren im Lauf der Zeit Leistungsfaktoren und schließlich Basisfaktoren.

Beispiel:

Begeisternder Faktor:
War die Fähigkeit, SMS zu verschicken, 1994 noch ein exotisches Feature von Mobiltelefonen, entdeckten es die Anwender bald als praktische Alternative zum Anruf.

Leistungsfaktor:
Da kaum jemand keine SMS verschicken wollte, wurde es zu einem
häufig geforderten Feature beim Kauf eines Mobiltelefons.

Basisfaktor:
Die Nutzer gewöhnen sich schnell an die SMS und heute wird beim Kauf
eines Mobiltelefonen implizit vorausgesetzt, dass es SMS versenden und
empfangen kann.

3.2   Einflussfaktoren auf die Wahl
der richtigen Ermittlungstechnik

Die „einzig wahre, ideale Methode", Anforderungen zu ermitteln, an
dieser Stelle vorzustellen, wäre allerdings vermessen. Ein Projekt wird
von Menschen zum Leben erweckt und das zu realisierende System von
Menschen genutzt. Jedes Projekt hat eigene Randbedingungen, seinen
eigenen Charakter und unterscheidet sich von allen anderen Projekten.
Für Ihr spezielles Projekt können Sie jedoch sehr wohl den oder die
geeigneten Partner aus dem Bereich der Ermittlungstechniken finden.
Analysieren Sie hierzu Ihre Projektsituation. Sie erhalten als Ergebnis
der Analyse die Risikofaktoren, die Ihren Projekterfolg gefährden können. Wir stellen Ihnen eine Matrix vor, um Ihnen eine oder mehrere
geeignete Ermittlungstechniken zu empfehlen. Die Matrix zeigt als eine Dimension Risiken. Die andere Dimension zeigt eine repräsentative
Anzahl an verbreiteten Ermittlungstechniken. Die Kennzeichnungen in
der Matrix selbst geben Ihnen einen Hinweis darauf, inwiefern sich eine
bestimmte Ermittlungstechnik unter vorgegebenen Projektrisiken eignet.
    Orientieren Sie sich auf der Suche nach den Risikofaktoren Ihres Pro-
jekts an folgenden drei Kategorien von Einflussfaktoren:

• menschliche Einflussfaktoren,
• organisatorische Rahmenbedingungen,
• fachlicher Inhalt der Anforderungen.

Die Klassifizierung der Ermittlungstechniken in Abb. 3.2 dient als Übersicht für Sie. Wir werden bei der Erläuterung der Risikofaktoren die eine

Abb. 3.2 Kategorien von Ermittlungstechniken

oder andere Technik empfehlen und in einem abschließenden Abschnitt näher auf einige Techniken eingehen.

Was hier allerdings nicht vergessen werden darf, sind die Erkenntnisse aus dem Kanomodell. Basisfaktoren sind essentiell, werden aber häufig nicht genannt. Somit sollte man sich dessen bewusst sein, dass bei manchen Ermittlungstechniken die Basisfaktoren nicht ans Tageslicht befördert werden können.

Der Faktor Mensch – Potenzial oder Risiko?

Menschen haben bei der Entwicklung von Systemen naturgemäß einen großen Einfluss auf alle Phasen eines Projektes, besonders aber auf die Anforderungsermittlung. In dieser Phase ist eine funktionierende Kommunikation existenziell. Stakeholder liefern Ihnen Informationen zu den Zielen der Systementwicklung, kennen Anforderungen und Randbedingungen und sind in die Entwicklung, den Einsatz und den Betrieb des Systems eingebunden. Suchen Sie von Anfang an direkten Kontakt zu den Stakeholdern und erkunden Sie, wie ausgeprägt deren Kooperationsbereitschaft und Kommunikationsfähigkeit sind. Soziale, gruppendynamische und kognitive Fähigkeiten dieses Personenkreises haben bei der Auswahl einer geeigneten Ermittlungstechnik für Anforderungen großen Einfluss. Ob das Wissen, das Sie ermitteln, den Einzelnen explizit bewusst ist oder eher sehr selbstverständlich und implizit vorliegt, so dass Sie es erst ausgraben müssen, entscheidet ebenfalls über die Wahl der Ermittlungstechnik. Die konkreten Risiken und Chancen, die ein Projekt

	Brainstorming	Perspektivenwechsel	Feldbeobachtung	Apprenticing	Fragebogen	Interview	Selbstaufschreibung	On-Site-Customer	Systemarchäologie	Reuse
Mensch										
geringe Motivation	-	--	+	-	+	+	--	--	0	0
schlechte kommunikative Fähigkeiten	-	-	-	++	0	-	--	-	0	0
implizites Wissen	+	+	++	++	--	0	--	+	0	0
geringes Abstraktionsvermögen	-	-	++	++	+	+	-	-	0	0
divergierende Stakeholdermeinungen	-	-	-	-	++	0	-	--	0	0
problematische Gruppendynamik	--	0	--	++	0	0	+	+	0	0

Legend:
--: gar nicht geeignet
-: nicht gut geeignet
0: Kein Einfluss -> geeignet
+: gut geeignet
++: sehr gut geeignet

Abb. 3.3 Ermittlungstechniken und der Faktor Mensch

klassifizieren, sind sehr individuell und mannigfaltig. Aus unserer Projekterfahrung heraus haben wir in Abb. 3.3 eine Liste typischer Faktoren zusammengestellt. Wir unterscheiden folgende menschliche Risikofaktoren, die alle durch geeignete Ermittlungstechniken kompensiert werden können:

Organisatorische Rahmenbedingungen

Zur Auswahl der für Sie optimalen Ermittlungstechniken müssen Sie als nächsten Punkt die organisatorischen Rahmenbedingungen Ihres Projektes untersuchen. Bei einer Neuentwicklung eines Systems, vor allem wenn Sie in der Position des Auftragnehmers in einem Festpreisprojekt sind, sind die Anforderungen vertraglich bindend, müssen also nahezu perfekt sein. Entwickeln Sie firmenintern ein wohlfunktionierendes Altsystem weiter, sind Sie in einer deutlich angenehmeren Situation. Noch angenehmer könnte es sein, wenn Ihre Stakeholder physisch greifbar sind und ausreichend Zeit haben, offene Fragen zu klären. Ist dies nicht der

	Brainstorming	Perspektivenwechsel	Feldbeobachtung	Apprenticing	Fragebogen	Interview	Selbstaufschreibung	On-Site-Customer	Systemarchäologie	Reuse
--: gar nicht geeignet -: nicht gut geeignet 0: Kein Einfluss -> geeignet +: gut geeignet ++: sehr gut geeignet										
Organisatorische Rahmenbedingungen										
Neuentwicklung	++	++	0	0	+	+	+	+	--	0
Altsystemerweiterung	0	0	+	+	+	+	+	+	++	+
Individualentwicklung	0	0	+	+	+	+	++	++	+	0
Produktentwicklung	++	++	-	--	+	-	-	--	+	0
fixiertes, knappes Projektbudget	0	0	-	--	++	+	+	-	--	++
hohe Verteilung d. Stakeholder	--	-	0	0	+	-	++	-	0	0
schlechte Verfügbarkeit d. Stakeholder	-	-	++	--	+	-	--	--	0	++
hohe Zahl von Stakeholdern	0	0	-	--	++	--	--	--	0	0

Abb. 3.4 Ermittlungstechniken und organisatorische Einflüsse

Fall, muss auch räumliche Verteilung oder die zeitliche Verfügbarkeit bei der Wahl der richtigen Ermittlungstechnik berücksichtigt werden. Die Empfehlungsmatrix in Abb. 3.4 hält auch für die folgenden Risikofaktoren geeignete Techniken bereit:

Fachlicher Inhalt der Anforderungen

Auch der fachliche Inhalt der Anforderungen birgt ausreichendes Risikopotenzial, das in die in Abb. 3.5 dargestellten Bereiche unterteilt werden kann:

Sind die einzelnen zu analysierenden Arbeitsschritte schlecht zu beobachten? Dann sollten Sie nicht auf die sonst so wirksamen Beobachtungstechniken bauen. Ist das Fachgebiet dem Analytiker unbekannt? Dann sollten Sie berücksichtigen, dass ein in der Industrie so gängiges „Erahnen der Anforderungen" eine Einarbeitungszeit benötigt bzw. un-

--: gar nicht geeignet -: nicht gut geeignet 0: Kein Einfluss -> geeignet +: gut geeignet ++: sehr gut geeignet	Brainstorming	Perspektivenwechsel	Feldbeobachtung	Apprenticing	Fragebogen	Interview	Selbstaufschreibung	On-Site-Customer	Systemarchäologie	Reuse
Fachlicher Inhalt der Anforderungen										
hohe Kritikalität des Systems	0	+	+	--	+	+	+	++	++	-
großer Systemumfang	0	0	++	+	--	+	+	+	+	++
hohe Komplexität der Systemabläufe	+	+	--	--	--	+	+	+	+	+
geringe Beobachtbarkeit	+	+	--	+	+	+	+	+	+	+
nicht funktionale Anforderungen	-	+	-	+	--	-	-	-	+	+
unbekanntes Fachgebiet	0	0	+	++	--	+	++	+	++	--

Abb. 3.5   Ermittlungstechniken und fachliche Einflüsse

geeignet ist. Besitzt das System hohe Komplexität? Berücksichtigen Sie, dass Sie einen strukturierenden Ansatz bei der Ermittlung benötigen, um die Komplexität der fachlichen Inhalte in verstehbare Teile herunterzubrechen.

Ein weiteres Kriterium –
Die Detaillierungsebene der Anforderungen

Vor allem die notwendige bzw. angestrebte Detaillierungsebene der Anforderungen bestimmt sehr stark, welche Ermittlungstechnik geeignet ist. Anforderungen der Detailebene 0 lassen sich sehr gut mithilfe von Kreativitätstechniken ermitteln. Zusammen mit den Stakeholdern kann eine Vision für das System erstellt werden, oder wichtige Eigenschaften des Systems können gesammelt werden. Dagegen wird es sehr aufwendig, tiefere Details z. B. mit der Ermittlungstechnik „Wechsel der Perspektive" zu ermitteln. Befragungs- oder Beobachtungstechniken helfen Ihnen, Anforderungen mittlerer Detailebenen zu ermitteln. Sehr stark detaillierte Anforderungen sind schwer zu beobachten und zu elementar, um von Stakeholdern als getrennte Eigenschaften eines Systems wahrgenommen zu werden. Sehr gut lassen sich sehr detaillierte Anforderungen dagegen durch Techniken ermitteln, die existierende Dokumente nutzen. Systemarchäologie ermöglicht es, beliebig detaillierte Informationen aus dem bestehenden System auszugraben.

Konkrete Auswahl von Ermittlungstechniken anhand der Projektrisiken

Kommen Ihnen viele der Risikofaktoren bekannt vor? Willkommen in der Realität der Systementwicklung! Beschränken Sie sich jetzt auf die drei bis sechs Faktoren, die in Ihrem Projekt am stärksten ausgeprägt sind und markieren Sie die entsprechenden Zeilen in der Empfehlungsmatrix.

Ist für eine Technik „gar nicht geeignet" (–) eingetragen, sollten Sie diese Technik in Ihrer Situation meiden. Wählen Sie für jedes Hauptrisiko Ihres Projektes lieber eine Technik mit dem Eintrag „sehr gut geeignet" (++) oder zumindest „gut geeignet" (+).

Vermutlich wird eine einzelne Technik nicht genügen, um alle Risiken Ihres Projektes gleichzeitig positiv zu beeinflussen. Kombinieren Sie dann verschiedene Techniken so, dass Sie zum jeweiligen Zeitpunkt den größten Erfolg erzielen. Jede Schwäche einer Ermittlungstechnik lässt sich durch eine andere Technik ausgleichen, die genau bei diesem Risiko ihre Stärke zeigt. Für unterschiedliche Produkte der Systemanalyse werden Sie ebenfalls verschiedene Techniken benötigen, um die angestrebten Detailebenen der Anforderungen zu erreichen. Eine Systemanalyse beginnt oft mit einem kreativen Brainstorming, um dann mit Techniken fortzufahren, die detailliertere Anforderungen produzieren.

[REM09] erläutert alle Ermittlungstechniken ausführlich und eignet sich zum Studium Ihnen bisher noch unbekannter Ermittlungstechniken.

3.3   Was verbirgt sich hinter welcher Ermittlungstechnik?

Von den meisten in den Abbildungen dargestellten Techniken werden Sie intuitiv ein Verständnis haben, auf ein paar unbekanntere Vertreter gehen wir im Folgenden genauer ein.

Die Klassiker: Befragungstechniken

Sehr verbreitete Analysemethoden sind die Befragungstechniken. Es wird dabei versucht, direkt vom Stakeholder eine möglichst genaue und unverfälschte Aussage über die Anforderungen an das zu untersuchende System zu erhalten.

Das freie Interview, das fragebogengetriebene Interview und Interviews in Gruppensitzungen oder auch die Selbstaufschreibung durch die Stakeholder sind gängige Vertreter der Befragungstechniken. Alle Befragungstechniken setzten allerdings voraus, dass der Informant sein Wissen explizit ausdrücken kann. Der Befragte muss zudem bereit sein, Zeit und Engagement in die Ermittlung zu investieren, was leider nicht immer der Fall ist. Problematisch ist, dass Befragungstechniken tendenziell analytikergetrieben sind, da der Analytiker die Fragen vorgibt. Anliegen der Stakeholder können unter Umständen verdrängt, vergessen oder vernachlässigt werden.

Eine Quelle für Innovationen: Brainstorming und der Wechsel der Perspektive

Wenn Sie Ihre Kunden mit Innovationen begeistern möchten, helfen Ihnen Techniken, die neue Ideen fördern. Eine sehr bekannte Kreativitätstechnik ist Brainstorming. Die Technik ist zur Ermittlung von groben Anforderungen und von Zielen geeignet. Eine eher unbekannte Technik in diesem Bereich ist der Wechsel der Perspektive. Dieser Ansatz basiert auf der Annahme, dass jedes Problem aus unterschiedlichen Richtungen betrachtet werden sollte. Edward de Bonos 6-Hut-Denken ist ein bekannter Vertreter des Mehr-Sichten-Modells. Jeder der sechs Hüte steht für eine andere Sichtweise, die von jedem Teilnehmer einmal eingenommen wird. Die resultierenden Lösungsansätze betrachten das Problem somit von allen erdenklichen Seiten. Sogar von ihrer Sicht überzeugte Stakeholder werden so animiert, in eine andere Rolle zu schlüpfen. Statt sechs verschiedener Hüte werden häufig auch nur sechs unterschiedlich farbige Kärtchen verwendet, die an unterschiedlichen Stellen im Raum platziert werden. Das Prinzip dieser Methode liegt darin, nacheinander verschiedene Standpunkte einzunehmen und auszudrücken. Die Aspekte „Objektivität und Neutralität", „persönliches Empfinden und subjektive Meinung", „sachlich negative Argumente", „objektiv positive Eigenschaften", „neue Ideen" und „Kontrolle und Organisation" werden den Farben zugeordnet (eine ausführliche Beschreibung ist unter www.sophist.de abrufbar). Um die Akzeptanz, auch eher introvertierter oder konservativer Stakeholder zu erreichen, müssen Sie diese Technik behutsam und am besten mit der Unterstützung eines erfahrenen Moderators, der auch gut mitdokumentiert, einführen.

Der harte Weg: Systemarchäologie

Als Systemarchäologie bezeichnet man die Technik, die Informationen bezüglich eines neuen Systems aus der Dokumentation oder der Implementierung eines Altsystems herauszuholen. Diese Technik wird häufig dann angewendet, wenn das explizite Wissen über die im System implementierte Fachlogik verloren gegangen ist oder nur noch in den Köpfen sehr weniger Mitarbeiter steckt. Bei diesem Verfahren wird durch eine Analyse des bestehenden Codes sichergestellt, dass keine der bereits implementierten Funktionalitäten vergessen wird und zumindest die Fachlogik des Altsystems erneut erhoben wird. Mithilfe dieser Technik erhalten Sie Anforderungen auf einer sehr detaillierten Ebene, da Sie das im Code vollständig spezifizierte Altsystem analysieren. Die Systemarchäologie ist ein sehr aufwendiges Verfahren, allerdings auch das einzige, das eine vollständige Umsetzung von Alt- in Neusysteme sicherstellt. Weicht der Funktionsumfang des Neusystems jedoch deutlich vom Altsystem ab, sollte eine hierfür geeignete Technik mit der Systemarchäologie kombiniert werden, z. B. Kreativitätstechniken, welche die Ermittlung neuer zusätzlicher Funktionen unterstützen. Um Anforderungen höherer Detailebenen zu erhalten, können Sie die Ergebnisse der Systemarchäologie abstrahieren. Meist lassen sich abstrakte Anforderungen jedoch kostengünstiger mit einem anderen Ansatz erheben.

Viel zu selten praktiziert: Beobachtungstechniken

Durch die Beobachtung der Stakeholder an ihren Arbeitsplätzen kann sich der Analytiker selbst einen Eindruck von deren Aufgaben und den dazugehörigen Abläufen machen. Während des Beobachtens erkennt der als außen stehender Betrachter fungierende Analytiker nicht optimale Arbeitsschritte und Fehler, die dem Stakeholder aus Gewohnheit nicht mehr bewusst sind. Beobachten lassen sich dabei natürlich nur Arbeitsabläufe, die bereits gelebt werden. Deshalb kann diese Technik nicht für völlig neue Prozesse angewendet werden. Der Vorteil der Beobachtungstechniken liegt darin, dass der Analytiker einen unverfälschten Eindruck der Sprache und Terminologie des Fachgebietes gewinnt, was weitere Befragungen erleichtert, und der Stakeholder unterbrechungsfrei und ohne Dokumentationspflicht arbeiten kann. Die Feldbeobachtung und das Apprenticing (in die Lehre gehen) sind bekannte Beobachtungstechniken. Erstere wird durch Audio- oder Videoaufzeichnung unterstützt. Apprenticing erfordert vom Analytiker, dass er die Tätigkeiten der Stakeholder konkret erlernen und ausführen muss. Wie ein Lehrling ist der Analytiker gefordert, unklare und unverständliche Handlungsschritte sofort zu hinterfragen, um in dem Bereich Erfahrung zu sammeln. Der Analytiker kann hierdurch Anforderungen erfahren, welche für den Stakeholder so selbstverständlich wurden, dass er sie nicht mehr äußert. Ein weiterer Vorteil des „In-die-Lehre-Gehens" ist, dass das typische Machtverhältnis zwischen dem mit Fragen nachbohrenden Analytiker und dem fragengeplagten Fachmann umgekehrt wird. Bei Spannungen zwischen Fach- und IT-Seite kann dies sehr hilfreich sein. In einem sicherheitskritischen Umfeld, z. B. Flugsicherung, ist die Methode nicht uneingeschränkt einsetzbar, da die Gefahr einer Fehlbedienung durch den Lehrling sehr hoch ist ;-)).

3.4 Unterstützende Techniken

Für Spielernaturen: Simulationsmodelle/Prototypen

Eine gängige Technik, die auch in der Industrie häufig verwendet wird, ist das Simulationsmodell. Manche Anforderungen an ein System werden dem Benutzer erst in dem Moment klar, in dem er das System zum ersten Mal bedient. Um diese Vorstellung bereits im Vorfeld so konkret wie möglich zu gestalten, werden Prototypen erstellt. Für Fachbereichsmitarbeiter stellen Prototypen des zukünftigen Systems eine verständliche und spielerische Variante dar, die Oberfläche, aber auch die richtige Umsetzung der Fachlogik zu überprüfen. Die Kunst bei dieser Technik besteht dann darin, den Bediener des Prototypen so zu lenken, dass auch alle relevanten Aspekte zuverlässig getestet werden und er sich nicht in Detaildiskussionen (z. B. ob der Bedienknopf nicht zwei Millimeter weiter links sein könnte) verliert.

Des Pudels Kern: Essenzbildung

Die Essenzbildung reduziert alle derzeit gültigen und geforderten Arbeitsabläufe auf ihre fachliche Essenz. Ziel ist eine deutliche Verringerung der Komplexität eines Systems. Bei der Ermittlung von Anforderungen werden normalerweise die derzeit gültigen Arbeitsabläufe einschließlich aller irgendwann getroffenen technologischen Ablaufentscheidungen dokumentiert. Bevor darauf basierend eine Neuentwicklung eines Systems starten kann, ist es daher wichtig, diese Abläufe auf ihre fachliche Essenz zurückzuführen. Ziel ist es, durch Abstraktionstechnik lösungsneutrale Anforderungen zu finden und evtl. in Altsystemen enthaltene unnütze Funktionen zu eliminieren.

Häufig beschreiben unterschiedliche Stakeholder eine fachliche Lösung eines Problems so abweichend voneinander, dass sie als mehrere verschiedene Abläufe interpretiert und dann auch implementiert werden. Werden diese Lösungsansätze auf ihre jeweilige Essenz zurückgeführt, stellt man häufig fest, dass nur eine einzige, optimierte Lösung statt vieler, weniger optimaler Lösungen implementiert werden muss. Durch die

Trennung von Lösung und fachlicher Essenz wird der Blick des Analytikers geschärft, das Problem tritt in den Vordergrund, nicht die (falsche?) Lösung. Veraltete Lösungsansätze werden nicht mehr ins neue System übertragen. Die Essenzbildung fällt den Stakeholdern durch den täglichen konkreten Umgang mit der Materie sehr schwer. Meist ist dazu ein externer Analytiker nötig, der sehr gut abstrahieren kann. Ideal sind dabei Personen, die wenig fachliches Wissen mitbringen, da sie den nötigen Abstand besitzen.

Nicht nur für UML-Fans: Analyse der Business-Cases (Anwendungsfälle)

Um nicht sofort in der Komplexität von Detailaufgaben zu versinken, ist es sinnvoll, zuerst eine Außensicht des zu erstellenden Systems zu dokumentieren. Bei der Analyse der Business-Cases (Anwendungsfallmodellierung) steht zwischen dem auslösenden Ereignis und dem wirtschaftlich wertvollen Ergebnis dann jeweils ein Use-Case, dessen Bearbeitung durch das System unterstützt werden muss. Details hierzu sind in vielen UML-Werken, z. B. [Oestereich01] oder [RuppHruschka02], zu finden.

Nicht Kommuniziertes zur Sprache gebracht: Neurolinguistische Programmierung und das SOPHIST Regelwerk

Laut [Bandler94] und [REM09] regieren zwei Prinzipien die Wahrnehmung des Menschen und die Kommunikation untereinander: die *Fokussierung* und die *Vereinfachung*.

Wie die Abb. 3.6 zeigt, gebieten wir den allermeisten Sinneseindrücken der Realität auf ihrem Weg ins Gedächtnis Einhalt, sie werden nie oder nur in stark abstrahierter Form Teil unseres Wissens. Unser Gehirn muss seinen Fokus setzen, was unwichtig erscheint, wird außen vor gelassen. Und Kommunikation, der sprachliche Ausdruck unseres Wissens, ist notwendigerweise vereinfachend. Z. B. setzen wir als Autoren bei Ihnen als Leser ein gewisses Vorwissen voraus. Anders wäre es wohl kaum möglich, effizient zu kommunizieren.

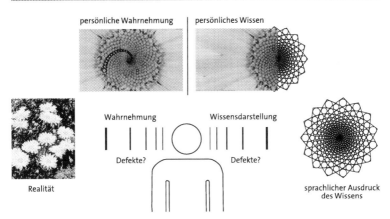

persönliche Wahrnehmung   persönliches Wissen

Wahrnehmung   Wissensdarstellung

Defekte?   Defekte?

Realität   sprachlicher Ausdruck
des Wissens

Abb. 3.6 Von der Realität zur sprachlichen Beschreibung dieser

Vor allem die Vereinfachung im sprachlichen Ausdruck bereitet im Zusammenhang mit Anforderungen Probleme. Die sprachlichen Unschärfen, die sich hierbei einschleichen, lassen sich sehr systematisch im notwendigen Maß beseitigen – wie wir Ihnen im Folgenden am Beispiel einer sprachlichen Nominalisierung zeigen.

Durch eine Nominalisierung wird ein (komplexer) Vorgang zu einem (einfachen) Ereignis. Es ist möglich, dass sich die Bedeutung der Aussage dadurch ändert oder wichtige Informationen über den Prozess verloren gehen. Sprachlich erkennt man eine Nominalisierung an einem Prozesswort (Verb oder Prädikat), das zu einem Ereigniswort (Substantiv) umgeformt wurde.

„Bei einem Systemabsturz soll ein automatischer Wiederanlauf erfolgen."

Die Prozesse hinter den Substantiven *Wiederanlauf oder Systemabsturz* lauten eigentlich:

„Das System stürzt ab" und „Das System wird wieder gestartet."

Allein an den zweiten Satz knüpfen sich z. B. die Fragen:

Was wird neu gestartet? Mit welchen Daten wird der Neustart durchgeführt? Wie wird der Neustart durchgeführt? Wer initiiert den Start (automatisch/manuell)? Wodurch wird der Neustart beendet? Was passiert während des Verlaufs des Neustarts (potenzielle Abbrüche, Fehlerbedingungen)?

Grundsätzlich spricht nichts dagegen, nominalisierte Begriffe für einen komplexen Prozess zu verwenden, sofern der Prozess eindeutig oder definiert ist. Nominalisierungen treten insbesondere in Domänen auf, die eine esoterische Fachsprache entwickelt haben. Prüfen Sie die für Ihr Spezialgebiet typischen Fachbegriffe. Sicherlich handelt es sich bei den meisten Fachbegriffen um Nominalisierungen, hinter denen sich eine Menge Fach-Know-how verbirgt.

Neben dem einen vorgestellten sprachlichen Effekt gibt es viele weitere bekannte und behebbare Effekte. Ein mit NLP-Techniken geschulter Analytiker kann diese durch die Auswahl bestimmter Fragen erkennen und beheben. Während andere Techniken wie Interviews oder Fragebögen eigentlich nur an der „Oberfläche" des vorhandenen Wissens eines Stakeholders kratzen, geht die NLP weiter. Hier wird nach verborgenem Wissen gegraben. Gerade das unterbewusste, versteckte Wissen würde ein Stakeholder vermutlich erst sehr spät und per Zufall in den Entwicklungsprozess einbringen. Mit NLP-Techniken hingegen wird er angehalten, dies sofort zu tun. Erfahrungen zeigen sogar, dass durch einen kleinen Anstoß meist der berühmte Stein ins Rollen gebracht wird.

Für „Extremisten": User Stories nach XP und der On-Site-Customer

Der Kunde schreibt seine Wünsche an das System in „User Stories" nieder, die dann im Sinne des „On-Site-Customer"-Prinzips gemeinsam mit den Entwicklern implementiert werden. Eine User Story ist dabei eine sehr informell gehaltene, sehr kurze Aussage in der Sprache des Nutzers darüber, was das System leisten soll. Unter einem On-Site-Customer versteht XP eine Person mit Fach-Know-how und Entscheidungskompetenz, die Vollzeit vor Ort beim Entwicklungsteam verfügbar ist und das für die Entwicklung benötigte Wissen im direkten Gespräch vermittelt. Die enge Einbindung des Kunden in den gesamten Entwicklungsprozess ist bei eXtreme Programming (kurz XP) [Beck00] ein sehr wichtiger Aspekt. Essenzieller Bestandteil von XP ist daher die fortwährende Kommunikation zwischen den beteiligten Entwicklern und Kunden. Aufgrund der

engen Einbindung des Kunden in den Entwicklungsprozess sind Fehl-
entwicklungen und Missverständnisse äußerst selten. Kurze Iterationen
und die hohe Zahl von Acceptance Tests tragen positiv zu einer ziel-
gerichteten Entwicklung bei. Die häufige Kommunikation schafft eine
angenehme Arbeitsatmosphäre mit motivierten Mitarbeitern.

Nachteilig wirkt sich das Fehlen einer geeigneten Dokumentation in
schriftlicher Form aus, da ein Großteil des Wissens lediglich in der persönlichen Kommunikation ausgetauscht wird. Die Erweiterungen und
Wartung des Systems sind meist problematisch. Es wird eine starke Abhängigkeit von den aktuellen Wissensträgern erzeugt. Die durchgehend
enge Einbindung des Kunden nötigt zu einem hohen Ressourcenauf-
wand, denn der Kunde muss sehr viel Zeit mit dem Entwicklungsteam
verbringen, um eventuelle Fragen zu klären. Da XP davon ausgeht, dass
ausreichend Know-how-Träger an einem Ort zusammengefasst zur Verfügung stehen, ist diese Technik nicht immer anwendbar.

Ergänzende Techniken

Zur Abdeckung Ihrer Projektrisiken werden Sie wahrscheinlich mehr als
eine Ermittlungstechnik einsetzen müssen. Weiter oben wurden bereits
die Techniken Essenzbildung, Analyse der Business-Events, NLP und
XP genauer erläutert. Alle vier gehören zu den „unterstützenden Techniken", werden also in Kombination mit einer grundlegenden Technik
angewendet. In wenigen Sätzen gehen wir auf drei weitere „Unterstüt-
zer" ein:

Audio- bzw. Video-Aufzeichnung: kann sehr gut zur Ermittlung
bei schlechter Verfügbarkeit der Stakeholder eingesetzt werden. Au-
dioaufzeichnung bietet sich zusätzlich bei knappen Budgets und hoher
Kritikalität des Systems an. Bei gruppendynamisch problematischen
Teamkonstellationen finden derartige Aufzeichnungen jedoch kaum Akzeptanz.

Anforderungen erahnen: Diese Technik unterstützt nahezu alle anderen Techniken. Sie ist lediglich bei völlig unbekanntem Fachgebiet
oder hoher Kritikalität des Systems risikoreich. Das Erahnen der Anforderungen ist mit gut organisierten Review-Zyklen eine sehr effiziente

Methode, um bei geringer Stakeholder-Belastung detaillierte Anforderungen an ein System zu erheben.

3.5 Techniken erfolgreicher Hellseher

Die Ermittlungstechniken und die Taxonomie der Techniken bezüglich der Risikofaktoren, wie sie hier vorgestellt werden, entsprechen unserer Erfahrung und unserem Verständnis vom Einsatz der Techniken. Sehen Sie abweichende Bewertungen, dann passen Sie die Tabelle gemäß Ihren Erfahrungen in Ihrem Kontext an. Wir erleben, dass allein das Anfertigen und Diskutieren einer derartigen Empfehlungsmatrix bereits einen positiven Effekt auf Projekte hat, da endlich vielfältige Techniken in die Diskussion und Anwendung gelangen und Anwender nicht mehr nur mit endlosen Interviews gequält werden.

Eine intelligente Nutzung zur Verfügung stehender Ermittlungstechniken bietet Ihnen die Möglichkeit, die Anforderungsermittlung an die in Ihrem Projekt auftretenden Randbedingungen anzupassen. Überlegen Sie für Ihr Projekt, welche Risikofaktoren Ihren Projekterfolg gefährden und welche Techniken aus finanziellen, kulturellen und technischen Möglichkeiten machbar und geeignet sind. Requirements Engineering bietet Ihnen eine breite Auswahl unterschiedlichster Methoden – nutzen Sie sie! Mehr zu dem Thema sowie eine ausführliche Erläuterung weiterer Ermittlungstechniken finden Sie unter www.sophist.de.

Wissen geschickt dokumentieren 4

Im Bereich der Systemanalyse finden zahlreiche Dokumentationstechniken Anwendung. All diese Techniken dienen dazu, das Wissen, das in den Köpfen der verschiedenen Stakeholder besteht, explizit zu machen und zu Papier zu bringen.

Wir stellen Ihnen einige wichtige Techniken kurz vor und geben Ihnen Hilfestellung bei der Auswahl einer für Ihr Problem und Projekt passenden Dokumentationstechnik.

Bevor wir Ihnen die am weitverbreitetsten Techniken vorstellen, werden wir Sie in einige Merkmale der Techniken einführen, die es Ihnen erlauben, diese zu charakterisieren.

Für die Vorstellung der Techniken haben wir diese in zwei Gruppen angeordnet (vergleichen Sie hierzu Abb. 4.1): Die Techniken zur Beschreibung von Strukturen beschreiben die statischen Aspekte eines Systems, die Techniken zum Beschreiben von Verhalten erlauben Ihnen, das dynamische Verhalten des Systems zu spezifizieren. Obwohl wir in diesem Buch nicht alle aus der Literatur bekannten Techniken vorstellen können, haben wir doch für jeden wichtigen Aspekt eines Systems mindestens eine Technik angegeben, mit der Sie den jeweiligen Aspekt adäquat beschreiben können. Zusätzlich wollen wir einige Kombinationen der Techniken ansprechen, deren Einsatz in der Praxis immer wieder auftaucht und so eventuell auch für Ihr spezielles Problem eine Alternative darstellt. Die folgende Übersicht zeigt die in diesem Kapitel besprochenen Techniken und die Zuordnung in die genannten Gruppen.

SOPHIST GmbH, C. Rupp, *Systemanalyse kompakt*, IT kompakt,
DOI 10.1007/978-3-642-35446-5_4, © Springer-Verlag Berlin Heidelberg 2013

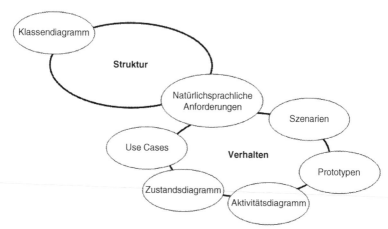

Abb. 4.1 Übersicht Dokumentationstechniken

Den Abschluss dieses Kapitels bildet eine Zusammenfassung, die es Ihnen erlaubt, anhand der beschriebenen Merkmale für Sie geeignete Dokumentationstechniken auszuwählen.

4.1 Die Merkmale einer Dokumentationstechnik

Wann immer Sie eine neue Dokumentationstechnik kennenlernen, werden Sie sich nach den Einsatzmöglichkeiten in Ihrem Projekt oder nach der Eignung zur Lösung Ihres Problems fragen. Um Ihnen die frühzeitige Auswahl zu ermöglichen, ohne dass Sie sich in die jeweilige neue Technik bis ins kleinste Detail einarbeiten müssen, führen wir hier zunächst einige wichtige Merkmale von Dokumentationstechniken ein. Einerseits dienen sie dazu, die jeweilige Technik einzuordnen und gegen andere abzugrenzen. Andererseits können Sie diese Merkmale auch als Faktoren sehen, die von Ihrem Projekt bestimmt werden und die für die Auswahl einer geeigneten Technik relevant sind. Wie die Abb. 4.2 zeigt, haben wir die wichtigsten Merkmale in drei Gruppen eingeteilt: die fachlichen, die organisatorischen und die menschlichen.

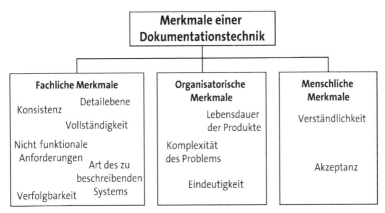

Abb. 4.2 Merkmale einer Dokumentationstechnik

Die fachlichen Merkmale

Der folgende Abschnitt beschreibt die wesentlichen fachlichen Merkmale einer Dokumentationstechnik. Sie werden durch das bestimmt, was Sie während der Systemanalyse beschreiben möchten.

Die hier vorgestellten Merkmale bilden nur einen kleinen Ausschnitt. Um eine Dokumentationstechnik vollständig zu beschreiben, spielen natürlich noch weitere Eigenschaften eine Rolle. Auf ein bestimmtes Merkmal haben wir in diesem Abschnitt allerdings bewusst verzichtet. Welchen Aspekt des Systems möchten Sie beschreiben bzw. welche Art von Anforderung soll dokumentiert werden (vgl. Kap. 2 „Systemanalyse im Überblick"). Eine Vorgabe bzgl. der Zerlegung des Systems werden Sie sicher nicht in Form von Zustandsgraphen beschreiben wollen. Dieser fachliche Einsatzzweck der verschiedenen Techniken ist zum Teil der Inhalt des folgenden Abschnitts „Die Techniken".

Detaillierungsebene
Die Detaillierungsebene als Kriterium, nach denen sich Anforderungen unterscheiden, wurde schon in Kap. 2 eingeführt.

Stellen Sie sich die Frage, welche Detaillierungsgrade in Ihrem Projekt notwendig sind. Die Antwort hängt natürlich auch von dem ge-

wählten Vorgehen bei der Entwicklung ab; sie kann wie auch andere
Fragen im weiteren Verlauf des Abschnitts nicht alleine durch die lo-
kale Betrachtung der Systemanalyse entschieden werden. Hier werden
vielmehr noch die Eigenschaften und Besonderheiten der anderen Ent-
wicklungstätigkeiten hineinspielen.

Konsistenz

Idealerweise sollte jedes Artefakt des Projekts gegenüber anderen Artefakten und in sich widerspruchsfrei sein. Eine 100 %ige Konsistenz über
alle Ebenen des Projekts zu erzielen, ist allerdings sehr schwierig und
aufwendig. Trotz allem muss bei der Wahl der Dokumentationstechnik
darauf geachtet werden, welchen Einfluss die Technik auf die Wahrung
der Konsistenz der Beschreibungen hat. Wie aufwendig ist es bei einer
Technik, Änderungen einzupflegen?

Werden Sie sich darüber klar, inwieweit die Konsistenz Bedeutung
in Ihrem Projekt hat. Werden Sie die in der Analyse gefundenen Dokumente nur temporär verwenden? Oder sollen diese auch nach der
Entwicklung weiterhin Bestand haben und müssen sie dementsprechend
gepflegt werden?

Vollständigkeit

Der Wunsch, ein System absolut vollständig und auf sehr konkreter Ebene zu beschreiben, ist mit adäquatem Aufwand nahezu unerreichbar.
Allerdings muss der geforderte oder notwendige Grad an Vollständigkeit erreicht werden, um die gefundenen Beschreibungen in der weiteren
Entwicklung sinnvoll einsetzen zu können. Der Aufwand, der betrieben
werden muss, um eine hinreichende Vollständigkeit zu erreichen, hängt
direkt von der gewählten Dokumentationstechnik ab. Prinzipiell werden
Sie feststellen, dass für alle Dokumentationstechniken gilt: Je abstrakter
der Sachverhalt ist, den Sie beschreiben, desto leichter fällt es Ihnen, den
gewünschten Grad an Vollständigkeit zu erreichen. Sie sollten sich also
überlegen, an welchen Stellen Sie an der Vollständigkeit zugunsten einer
detaillierteren Analyse an anderen Stellen sparen wollen.

Verfolgbarkeit

Unter Verfolgbarkeit, oft auch bekannt als Traceability, verstehen wir
die Möglichkeit, Zusammenhänge innerhalb eines Dokuments oder zwischen Dokumenten explizit zu beschreiben.

Betrachten Sie nur sehr kleine Systeme, einzelne Dokumente oder stark voneinander getrennte Sachverhalte? Dann wird bei Ihnen die Verfolgbarkeit sicher nicht im Vordergrund stehen. Dies gilt jedoch nur bei einer sehr lokalen Sicht auf die Analysephase und eine kurzfristige Verwendung der dort erstellten Dokumente. Sind die Dokumente langlebiger, sollen sie also auch z. B. während der Wartungsphase genutzt werden, so ist es sicher sinnvoll, in dieser späteren Lebensphase eines Produkts die Verfolgbarkeit auszunutzen. Sie können dann leichter die Stellen, die von Änderungen betroffen sind, finden und ändern.

Die Verfolgbarkeit wird zudem von einigen Standards wie der FDA [FDA] oder CMMI bzw. Spice [Kneu03] ab einem gewissen Level als zwingend vorausgesetzt.

Art des zu beschreibenden Systems

An dieser Stelle müssen Sie sich die Frage stellen, zu welcher Art Ihr zu beschreibendes System gehört. Sie können zwei Typen von Systemen unterscheiden: die häufig datenbankbasierten, geschäftsprozessorientierten Systeme und die technischorientierten Systeme. Grundsätzlich enthält ein System zwar immer beide Aspekte, jedoch kann es sinnvoll sein, einem der beiden Aspekte mehr Bedeutung zuzuschreiben. Oder legen Sie Wert darauf, beide Aspekte gleich zu gewichten? Dann bieten sich natürlich Techniken zur Beschreibung an, die einen engen Zusammenhang zwischen den beiden Aspekten erlauben.

Nicht funktionale Anforderungen

Haben Sie eine Fülle nicht funktionaler Anforderungen an das System? Oder steht bei Ihnen das funktionale Verhalten des Systems im Vordergrund? Nicht alle Techniken bieten ausreichend Möglichkeiten, die nicht funktionalen Eigenschaften zu beschreiben.

Manche Techniken sind jedoch hervorragend dazu geeignet, um z. B. Anforderungen an das Zeitverhalten eines Systems zu dokumentieren. Aber diese Techniken erlauben es nicht notwendigerweise, auch z. B. die benötigte Fehlertoleranz adäquat zu beschreiben. Da die Beschreibung der nicht funktionalen Eigenschaften noch immer in den meisten Techniken kaum Beachtung findet, jedoch eminent wichtig für die spätere Akzeptanz Ihres Produkts ist, lohnt es sich, wenn Sie diese Überlegungen mit in Ihre Entscheidung bei der Auswahl einer Technik einfließen lassen.

Die organisatorischen Merkmale

Die in diesem Abschnitt beschriebenen Charakteristika sind meist im Vorfeld der Entwicklung schon durch Ihr Projekt festgelegt. Meistens werden Sie auf die Ausprägung dieser Faktoren wenig Einflussmöglichkeiten haben, Sie können sie also relativ leicht bestimmen.

Lebensdauer der Produkte

Die Dokumente, die während der Systemanalyse erzeugt werden, dienen innerhalb des Entwicklungsprozesses natürlich primär als Ausgangsdokumente für die weitere Entwicklung, also z. B. der Architektur oder der Implementierung. Doch werden Sie sicherlich auch schon die Erfahrung gemacht haben, dass Fehler in den Analysedokumenten erst in der weiteren Entwicklung erkannt werden und somit einen Rückschritt in die Analysephase zur Verbesserung bedingen. Ein ähnlicher Sachverhalt ergibt sich, wenn nach der Fertigstellung Ihres Produktes Änderungswünsche an Sie herangetragen werden. Diese neuen Anforderungen können effizient in das bestehende System eingebaut werden, wenn Sie die Möglichkeit haben, die Änderungen schon in den Analysedokumenten zu erfassen und dann zu den entsprechenden weiteren Entwicklungsdokumenten zu propagieren. Hierbei spielt die oben erwähnte Verfolgbarkeit eine wichtige Rolle.

Die beiden angeführten Szenarien sollten Sie sensibilisieren, sich Gedanken über die Lebensdauer der Analysedokumente zu machen. Werden Sie ein Produkt, das evtl. über Jahre hinweg gepflegt werden soll, entwickeln, so werden Sie sich sicherlich dazu entscheiden, auch die Analysedokumente über einen langen Zeitraum hinweg zu pflegen und so aktuell zu halten.

Komplexität des Problems

Die Komplexität, die in Ihrem System gegeben ist, hängt sicher nicht von der Wahl der Dokumentationstechnik ab. Jedoch bieten einige Techniken die Möglichkeit, die Komplexität durch die Einführung geeigneter Abstraktionsebenen adäquat zu beschreiben. Werden Sie sich darüber klar, ob Sie Abstraktionsebenen in Ihren Analysedokumenten benötigen oder nicht.

Eine andere Möglichkeit, mit der Komplexität umzugehen, besteht in der hierarchischen Zerlegung des Systems. Ein System besteht aus mehreren Subsystemen, die wiederum in kleinere, besser beschreibbare Sub-Subsysteme zerlegt werden können. Auch hierbei kann Sie die Dokumentationstechnik unterstützen oder im Stich lassen.

Eindeutigkeit

Als letztes organisatorisches Merkmal wollen wir hier die Eindeutigkeit der Dokumente vorstellen. Zur Auftragsvergabe finden zwischen den beteiligten Parteien Vereinbarungen statt, wer was nach welchen Vorgaben umzusetzen hat. Hierbei werden in der Regel auch Dokumentationen diverser Art ausgetauscht bzw. eine Einigung auf eine bestimmte Art der Dokumentation getroffen. Jede Dokumentationstechnik lässt einen bestimmten Grad an Eindeutigkeit zu. So kann man leicht die Funktion grob erahnen, die in einem Use-Case wie „Daten speichern" zusammengefasst wurde. Allerdings werden sich im Detail die Interpretation von z. B. „Abspeichern aller Informationen auf Festplatte" bis hin zu „nur Wichtiges auf CD brennen" zwischen dem Ersteller und dem Entwickler unterscheiden. Möchten Sie Details eindeutig und damit auch verbindlich festlegen, müssen Sie eine Dokumentationstechnik wählen, die eben diese Details auch eindeutig erfasst. Genauso ist es möglich, dass Ihnen eine Technik völlig ausreicht, mittels derer Sie das Konzept eindeutig darstellen können. Um eine juristisch verbindliche Dokumentation abgeben zu können (vgl. Kap. 2), muss diese Dokumentation für diesen Zweck auch eindeutig sein. Die Projekterfahrung zeigt aber auch, dass eine solch eindeutige Dokumentation bei der unternehmensinternen Kommunikation eine wichtige Rolle spielen kann, da der Entwicklungsfortschritt unter den mitunter lang andauernden Diskussionen um die Auslegung der Dokumentation leiden kann.

Die menschlichen Merkmale

Jeder Projektbeteiligte hat eine bestimmte Rolle in dem Projekt in-
ne, oder sie wird ihm während der Projektplanung zugeschrieben. Wir
möchten Ihnen abschließend die beiden hinsichtlich der Dokumentationstechnik wichtigsten Merkmale dieses Bereiches beschreiben. Da der
Mensch ein essenzieller Bestandteil Ihres Projektes ist, sollten Sie berücksichtigen, welche Rahmenparameter Ihnen durch Ihre Mitarbeiter
und auch die Nutzer des Produktes vorgegeben werden.

Verständlichkeit

Wenn wir die Verständlichkeit als Merkmal betrachten, rücken die spezielle Zielgruppe und der angestrebte Zweck der Dokumentation stärker
in den Mittelpunkt. Fragen Sie sich an dieser Stelle, ob alle direkt Betroffenen die gewählte Art der Dokumentationstechnik verstehen, d. h.
Entwickler, die nach der Dokumentation implementieren sollen, Sach-
bearbeiter einer Fachabteilung, die die Inhalte und Zusammenhänge
freigeben sollen etc. Müssen die Zusammenhänge in Ihrer Beschreibung
auch für nicht geübte Leser nachvollziehbar sein?

Gerade die Verständlichkeit hängt häufig mit dem Grad des Formalismus der Beschreibung zusammen. Das, mit dem die Entwickler Tag
für Tag umgehen, mag einem Mitarbeiter einer Fachabteilung wie böh-
mische Dörfer erscheinen. Fragen Sie sich also ganz genau, wer die
Dokumentationen zu welchem Zweck benutzen oder begutachten muss.
Oder können Sie darauf keinen Wert legen, da die fachlichen Inhalte der
Dokumentation so komplex sind, dass sie einer sehr formalen Technik
bedürfen? Oder genügt vielleicht eine natürlichsprachliche Technik?

Akzeptanz

Die Dokumentation bzw. die angewandte Technik zur Dokumentation
muss von zwei Seiten akzeptiert werden, zum einen von ihren Erstel-
lern und zum anderen von ihren Nutzern. Sie müssen sich auch zu
diesem Merkmal die Zielgruppen der Dokumentation vor Augen führen,
um die richtigen Techniken zu wählen. Die Fachverantwortlichen sind
häufig nicht so stark mit den Systemdetails vertraut und haben Probleme, mit semiformalen oder formalen Techniken umzugehen. Umgekehrt
ist die Motivation der Entwickler bzw. der gesamten technisch orien-

tierten Zielgruppe, umfangreiche natürlichsprachliche Dokumentationen durchzuarbeiten, gering. Diese Gruppe wünscht sich eher mindestens semiformal dargestellte Informationen. Häufig sind auch unstrukturierte Texte im Erzählstil für den Entwickler nicht oder nicht eindeutig interpretierbar. Die jeweiligen Probleme mit der Darstellung des Systems führen zu einer geringen Akzeptanz der entsprechenden Techniken. An dieser Stelle ist Fingerspitzengefühl gefordert. Wenn Sie zusätzlich auch abwägen, welche Technik notwendig ist, spielt die juristische Relevanz der Dokumentation zwischen den beiden Zielgruppen eine bedeutende Rolle. Im schlimmsten Fall müssen Sie entscheiden, dass eine der beiden Zielgruppen eine neue Technik erlernen oder auf eine eher unbeliebte Technik umsteigen muss. Wichtig ist hierbei, die Akzeptanz dieses Personenkreises durch geschickte Argumentation zu erlangen.

Falls Sie sich für weitere menschliche Charakteristika interessieren, möchten wir Sie auf [REM09] verweisen. Hier wird in einigen Kapiteln auf die Rolle des Menschen in einem Projekt stärker eingegangen.

4.2 Die Techniken

Wie wir bereits am Anfang des Kapitels erwähnt haben, haben wir die Techniken, die wir Ihnen hier vorstellen möchten, in zwei Gruppen eingeteilt. Viele der Techniken sind Bestandteil der Unified Modeling Language (UML), die mit ihrer neuesten Version 2.4 einen Stand erreicht hat, in dem für fast alle Lebensphasen eines Systems Notationen existieren, mit denen Sie das jeweilige Wissen und Entscheidungen dokumentieren können. An dieser Stelle möchten wir für alle der UML entstammenden Dokumentationstechniken in diesem Kapitel auf [UMLGK03] und [Kappel02] verweisen.

Wir werden nun jede Technik kurz vorstellen und mit einem kleinen Beispiel greifbar machen, um Ihnen einen groben Eindruck in die Notation zu vermitteln. Abschließend werden wir für jede Technik die wichtigsten Merkmale aus dem vorangegangenen Abschnitt benennen. Eine vollständige Übersicht über die Merkmale jeder Technik geben wir dann im dritten Abschnitt dieses Kapitels.

4.3   ...zum Beschreiben des Verhaltens

Weiter oben haben wir die verhaltensorientierten Techniken bereits einige Mal angedeutet. In diesem Abschnitt wollen wir die folgenden Techniken vorstellen:

- Use-Cases,
- Aktivitätsdiagramme,
- Zustandsdiagramme,
- Szenarien,
- Prototypen,
- Natürlichsprachliche Anforderungen.

Wenn Sie ein Verhaltensdiagramm als Bestandteil Ihrer Dokumentation aufbewahren, dann erhalten Sie einen Ausschnitt aus der dynamischen Systembeschreibung. Alle Verhaltensdiagramme dokumentieren nicht die genauen Informationen über die Daten, sondern stellen Interaktionen im System dar. In diesen Diagrammen können Sie all die Informationen ablegen, die mittels Techniken zur Dokumentation der Struktur nicht sinnvoll unterzubringen sind, z. B. wann passiert was, und welcher Handlungsschritt folgt für das System daraus, welche Rahmenbedingungen benötigen Sie, um eine Fahrt des Fahrstuhls auszulösen, welche verschiedenen Möglichkeiten gibt es, den Prozess anzustoßen...

Beachten Sie jedoch immer, dass Verhaltensdiagramme meist nicht so gut zur Dokumentation von nicht funktionalen Anforderungen geeignet sind. Das Zeitverhalten kann allerdings gerade in Verhaltensdiagrammen, meist durch Annotationen, gut abgebildet werden.

Use-Cases

Die erste Dokumentationstechnik, die wir vorstellen möchten, sind die Use-Cases, im Deutschen oft mit Anwendungsfällen übersetzt. Sie werden häufig sehr früh in der Entwicklung eingesetzt, da sie es Ihnen erlauben, sehr intuitiv das Systemverhalten zu beschreiben.

Bei der Beschreibung mittels Use-Cases unterscheidet man, je nach Verwendungszweck, zwei unterschiedliche Ebenen. Mit den Business-Use-Cases beschreiben Sie Ihre Geschäftsprozesse, aus denen hervorgehen sollte, wie das zu entwickelnde Produkt diese Prozesse unterstützt. Werden die Use-Cases auf dieser Ebene im Rahmen der Systementwicklung eingesetzt, erheben sie selten einen Anspruch auf Vollständigkeit und dienen größtenteils der Beschreibung von prinzipiellen Abläufen auf der Geschäftsprozessebene.

Einen etwas formaleren Ansatz bieten die System-Use-Cases. Hier wird das Systemverhalten schon konkreter beschrieben, wobei wir einige Forderungen an die Beschreibung der Use-Cases stellen (siehe unten), die die Herleitung und die weitere Bearbeitung erheblich vereinfachen.

Ein wichtiger Schritt bei dem Aufstellen der Use-Cases ist die Festlegung des sogenannten Betrachtungsgegenstands. Mithilfe der Use-Cases grenzen Sie z. B. Ihr System gegen die Nachbarsysteme ab, die nicht im Rahmen Ihres Projekts entwickelt werden.

Die Use-Cases werden aber auch häufig eingesetzt, wenn Sie eine Zerlegung Ihres Systems schon durchgeführt haben. Hier ist dann der Betrachtungsgegenstand eine Komponente, deren Aufgaben Sie dann mittels der Use-Cases definieren.

In einem Use-Case-Diagramm werden dann die einzelnen Use-Cases, ihre Verbindungen untereinander und die Beteiligung der Nachbarsysteme mit den Use-Cases zusammengefasst.

Wir betrachten in der folgenden Abb. 4.3 einen Fahrstuhl und grenzen mittels des Use-Case-Diagramms den Fahrstuhl gegen seine Nachbarsysteme, wie z. B. dem Notrufmeldesystem ab. Des Weiteren überlegen wir uns, welche Use-Cases der Fahrstuhl hat und welches der Nachbarsysteme mit welchem der Use-Cases zusammenhängt. Die Abhängigkeiten zwischen den Nachbarsystemen und dem einzelnen Use-Case werden zusätzlich notiert.

Die Daten und Informationen, die aus unserem System herausfließen oder von ihm benötigt werden, können Sie informell anhand einer Tabelle für jede modellierte Verbindung zu einem Nachbarsystem beschreiben.

Die detailliertere Beschreibung der Use-Cases erfolgt dann getrennt voneinander. Hierfür existieren zahlreiche Vorgaben. Wir möchten Ihnen in diesem Abschnitt ein von uns häufig eingesetztes Template vorstellen. Dieses Template ist in Tab. 4.1 zu sehen.

Der Use-Case „Standardfahrt ausführen" ist hier anhand unseres Templates beschrieben. Neben dem Namen des Use-Cases werden in das Feld *Akteur* alle Nachbarsysteme eingetragen, die an diesem Use-Case

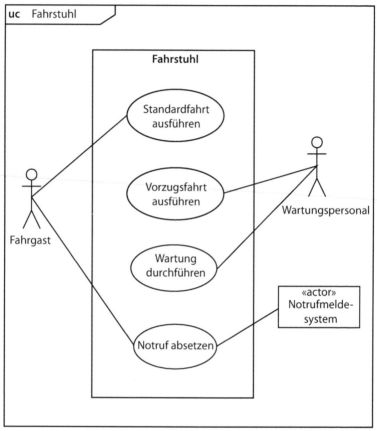

Abb. 4.3 Use-Case Diagramm „Fahrstuhl"

beteiligt sind. Zusätzlich wird nun das *Auslösende Ereignis*, der Benutzer hat über das Bedienfeld ein Stockwerk angefordert, angegeben. Die
wichtige Information für die weitere Umsetzung wird durch die *Vorbe-
dingung*, die *Essenziellen Schritte* und die *Nachbedingung* beschrieben.
Falls gegeben, werden *Ausnahmefälle* mit aufgeführt, um entsprechend
einkalkulieren zu können, was, über den Standardfall hinaus, berücksichtigt werden muss.

Tab. 4.1 UseCaseTemplate

Name	Standardfahrt ausführen
Akteur	Fahrgast
Auslösendes Ereignis	Akteur möchte mit dem Fahrstuhl in ein Stockwerk fahren
Vorbedingung	Fahrstuhl wartet in einem Stockwerk mit geöffneten Türen
Essenzielle Schritte	Fahrgast fordert Stockwerk am Fahrstuhl an
	Fahrstuhl schließt die Tür
	Fahrstuhl fährt zum angeforderten Stockwerk
	Fahrstuhl öffnet die Tür
Ausnahmefälle	Bei Überladung des Fahrstuhls findet keine Fahrt statt und dem Fahrgast wird dies angezeigt
Nachbedingung	keine

Use-Cases bilden ein probates Mittel, das Systemverhalten zu Beginn der Entwicklung auf abstrakter Ebene zu beschreiben. Mithilfe von Verbindungen zwischen Use-Cases lässt sich prinzipiell auch komplexes Verhalten beschreiben, jedoch geht hierbei dann die Übersicht und Verständlichkeit verloren. Wenn Sie allerdings die Use-Cases zielgerichtet einsetzen, so bieten sie einen leichten und verständlichen Einstieg in die Systementwicklung. Wir möchten an dieser Stelle auf [Cob98] und [OOGeschUML03] verweisen.

Aktivitätsdiagramme

Das Aktivitätsdiagramm ist die ideale Darstellung zur Dokumentation von Ablaufreihenfolgen. Sie können zusätzlich Vor- und Nachbedingungen notieren und Entscheidungen und parallele Abläufe klar abbilden. Sie haben auch die Möglichkeit, hinter einem Ablaufschritt eine weitere Detaillierungsebene in Form eines weiteren Aktivitätsdiagramms zu modellieren. In den Aktivitätsdiagrammen können Sie zusätzlich einen sogenannten Objektfluss modellieren, bei dem das Erzeugen von Daten und das nachfolgende Konsumieren dieser Daten in Aktionen dargestellt wird.

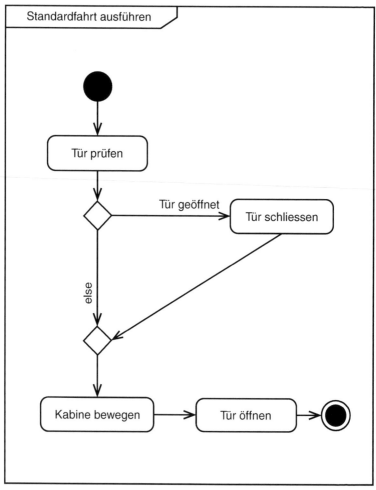

Abb. 4.4 Aktivitätsdiagramm „Standardfahrt ausführen"

Das Aktivitätsdiagramm kann direkt einer Klasse im Modell zugeordnet werden und dokumentiert dann das Verhalten dieser Klasse bzw.
einer Operation der Klasse, oder es detailliert einen Use-Case, wie wir
ihn weiter oben eingeführt haben. Sie können zu einem frühen Entwick-

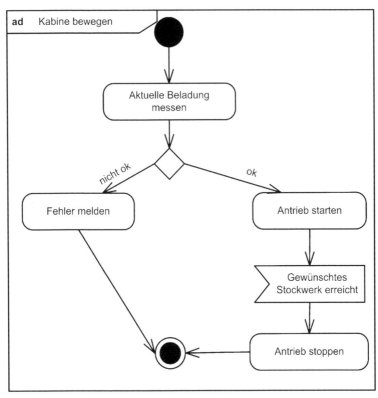

Abb. 4.5 Aktivitätsdiagramm „Kabine bewegen"

lungszeitpunkt aber auch zur Beschreibung grober Ablaufreihenfolgen, z. B. auch Geschäftsprozessen, dienen.

In der Abb. 4.4 haben wir eine mögliche Umsetzung des Use-Cases „Standardfahrt durchführen" angedeutet.

Die Aktion „Kabine bewegen" taucht als Aktion in dem obigen Diagramm auf und ist in dem Aktivitätsdiagramm in Abb. 4.5 modelliert.

Diese Technik können Sie zur Dokumentation von Abläufen mit klar definierten Ereignissen und deren Folgen einsetzen. Das Aktivitätsdiagramm stellt vorwiegend die internen Prozesse des Systems dar und

grenzt klar zu externen Ereignissen ab. Es ist für die Beschreibung des
Verhaltens von nicht technischen Systemen bestens geeignet, wenn Sie
von der sehr abstrakten Ebene der Use-Cases hin zu einer verfeinerten
Beschreibung kommen möchten.

Bitte beachten Sie, dass ein Name einer Aktion nicht unbedingt
von jedem Leser gleich interpretiert wird. Damit Sie Missverständnisse vermeiden, sollten Sie jede Aktion in einem Diagramm nochmals
verfeinern. Entweder durch ein eigenes Aktivitätsdiagramm oder durch
natürlichsprachliche Anforderungen, die dann das Ende der Verfeine-
rungshierarchie bilden.

Zustandsdiagramme

Der Schwerpunkt eines Zustandsdiagramms liegt auf der Beschreibung
der Zustände, die von dem Betrachtungsgegenstand eingenommen werden können. Dieser Betrachtungsgegenstand kann das gesamte System
oder eine Klasse aus dem Begriffsmodell sein. Der Fokus liegt hierbei
auf der Abbildung des Gesamtverhaltens des Betrachtungsgegenstands,
der durch asynchroner Ereignisse beeinflusst wird, die von außen auf das
System einwirken und damit Zustandsübergänge oder Aktionen des Systems auslösen.

An unserem Beispiel, der Fahrstuhlsteuerung, möchten wir Ihnen
auch hier mit der Abb. 4.6 Inhalte und Notation der Technik kurz ver-
anschaulichen. Dazu betrachten wir das Verhalten der Klasse „Tür" in
einem Zustandsautomaten. Die Rechtecke mit abgerundeten Ecken stellen die Zustände dar, welche das System während einer Standardfahrt
durchläuft. An die Beziehungen zwischen den Zuständen wird nun notiert, welche Ereignisse oder Bedingungen zu Zustandsübergängen in der
Tür führen.

Das Zustandsdiagramm lässt sehr viele Detaillierungsebenen zu und
kann sowohl von den Fachverantwortlichen und Endbenutzern als auch
von den Entwicklern genutzt werden. Dabei muss berücksichtigt werden,
dass das Verständnis der nicht mit der Technik Vertrauten ab einer gewissen Detaillierungsebene nicht mehr zu 100 % vorausgesetzt werden darf.
Weiterhin kann, falls die Zustandsdiagramme für einzelne Klassen modelliert werden, der Zusammenhang zwischen den Zustandsdiagrammen
verloren gehen. Trotz allem sind die Zustandsdiagramme eine gute und
weitverbreitete Notation, um das Verhalten technischer Systeme darzu-

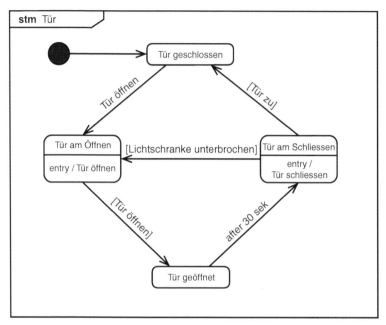

Abb. 4.6 Zustandsdiagramm „Tür"

stellen, da durch sie ein sehr komplexes Verhalten kompakt beschrieben wird.

Ein weiterer Vorteil der Zustandsautomaten ist, dass Sie bei entsprechender Vollständigkeit und korrekter Modellierung auch daraus Codes generieren können. Sie erhalten einen Prototypen, der sich funktional wie das von Ihnen gewünschte System verhält.

Szenarien

In dieser Kurzreferenz möchten wir die Szenarien nicht auf einen bestimmten Typ eingrenzen, die Vielfalt in den Projekten überrascht selbst uns noch hin und wieder. Einerseits existieren klar definierte Arten an Szenarien, z. B. Szenariobeschreibungen im Rahmen von Use-Cases. Andererseits wird unter Szenarien in der Praxis häufig auch jegliche Art der nicht SW-standardkonformen, jedoch durchaus gängigen Beschreibung der Geschäftsfälle oder alltäglichen Abläufe verstanden.

Gerade technikfernere Branchen greifen das Thema Dokumentation für die Systementwicklung häufig aus einer geschäftsprozessgetriebenen Sicht auf und nutzen als Ausgangsbasis eine Form der Beschreibung, die sich aus Geschäftsprozessmodellen oder auch natürlichsprachlich verfassten Ablaufbeschreibungen ohne strukturierten Hintergrund zusammensetzt. Diese Form der Informationssammlung kann, wenn sie unternehmensspezifisch festgelegt wird, durchaus auf einer eher grobgranularen Ebene als Dokumentation dienen. Sie ist für die Fachabteilungen und auch die anderen Betroffenen einfach zu verstehen und wird gut angenommen. Allerdings besitzt diese Technik auch sehr hohe Risiken. Angefangen von der häufig fehlenden Struktur der Szenariobeschreibungen bis hin zu einem Mindestmaß an inhaltlicher Einheitlichkeit, Vollständigkeit und Redundanzfreiheit. Auch Inkonsistenzen können nur schwer erkannt werden. Nutzen Sie eine unstrukturierte Form der Szenariotechnik lediglich, wenn Ihre Stakeholder auf anderen Wegen nicht einzufangen sind, um deren Wissen für sie nachvollziehbar zu dokumentieren. Machen Sie sich bewusst, dass Sie mit dieser Form der Dokumentation kaum eine allgemeingültige Nutzung, rechtliche Verbindlichkeit und Eindeutigkeit erreichen werden. Sie haben dann lediglich intern im Fachbereich nutzbare Informationen gesammelt, welche als Anhaltspunkte oder Diskussionsgrundlagen für die weiteren Analysetätigkeiten dienen können.

Zieht man dagegen klar definierte Arten der Szenarios heran, kann man einige Probleme nahezu ausschließen. Ein Beispiel für eine solche Definition haben Sie schon als *Essenzielle Schritte* und *Ausnahmefälle* in den Use-Case-Beschreibungen kennen gelernt, die manchmal auch als Szenario bezeichnet werden.

Ein Bereich, in dem wir häufig die Szenarien einsetzen, ist die gleichzeitige Abarbeitung von Use-Cases. Wie oben erwähnt, wird eine Use-Case-Beschreibung für einen einzelnen Use-Case angelegt, ohne die Verknüpfung, das heißt z. B. das gleichzeitige Abarbeiten anderer Use-Cases, zu berücksichtigen. Oftmals stellen diese Verknüpfungen jedoch Herausforderungen an die Entwicklung dar, oder sie ergeben völlig neue Anforderungen an Ihr System. Denken Sie z. B. an die gleichzeitige Ansage eines Navigationshinweises und das Abspielen einer CD in Ihrem Fahrzeug. Erst durch die Betrachtung der zeitlichen Überlappung wird ein Mechanismus notwendig, der verschiedene Audioquellen priorisiert und die Lautstärke der einzelnen Quellen automatisch regelt. Solche Überlappungen von Use-Cases werden häufig durch beispielhafte Anwendungsszenarien dargestellt, um noch nicht betrachtete Funktionalitäten des Systems zu erkennen.

User-Stories

Als Letztes möchten wir den Begriff der User-Stories einführen, den man häufig im Zusammenhang mit den Szenarien, oftmals auch synonym, verwendet. Diese Technik stammt aus eXtreme Programming-Ansatz (XP) [Beck00] und geht davon aus, dass der Stakeholder seine intuitiv konkreten Vorstellungen von den einzelnen Funktionen des zu entwickelnden Systems auf „Story Cards" notiert. Der Inhalt einer Story Card soll möglichst einfach und für alle Beteiligten verständlich niedergeschrieben werden. Das Karteikartenformat hat das Ziel, durch seine räumliche Begrenztheit die „Geschichten" knapp zu halten. Die Technik sammelt letztendlich Konzepte für die einzelnen Funktionen des Systems anstatt detaillierter Anforderungen und ist somit auch eher als Startpunkt einer weiteren Analyse zu verstehen.

In der Praxis übernimmt häufig der Auftragnehmer/Entwickler die Tätigkeit des Schreibens, was den direkten Vorteil bietet, dass sich dadurch der Auftragnehmer in das Problem einarbeiten und die für ihn offenen Punkte besser klären kann. Nachteil dieses Vorgehens ist, dass die Grundidee, aus XP ein Konzept zu formulieren und die Verantwortung ausschließlich beim Kunden zu lassen, völlig über den Haufen geworfen wird und der Auftragnehmer den Sachverhalt unter Umständen nicht 1 : 1 abbildet.

Prototypen

Durch die Verwendung von Prototypen wird es Ihnen prinzipiell vereinfacht, Ihr System bzw. den im Prototyp realisierten Aspekt des Systems, besser zu verstehen. Jedoch muss gegen diesen Vorteil der Aufwand, den Sie zur Erstellung des Prototypen benötigen, gegengerechnet werden. Damit ergibt sich schon ein wesentliches Unterscheidungsmerkmal von Prototypen: Werden sie von Hand erstellt oder können sie aus einem Modell automatisch hergeleitet werden?

Aber nicht nur die Funktionalität wird in Prototypen veranschaulicht. Die sogenannten Oberflächenprototypen gewinnen immer mehr an

Bedeutung. Hierbei wird anstelle oder ergänzend zu textuellen Beschreibungen das Verhalten der Oberfläche implementiert und bietet Ihnen so eine realitätsnahe Möglichkeit, den sehr wichtigen Teil des Systems, die Schnittstelle zum Benutzer, zu beurteilen.

In dem gesamten Entwicklungsprozess unterscheidet man noch zusätzlich die evolutionären Prototypen und Wegwerf-Prototypen. Die evolutionären Prototypen wachsen während des Entwicklungsprozesses an und münden schließlich in das gesuchte Endprodukt. Die Wegwerf-Prototypen hingegen werden für einen bestimmten Zweck erstellt und nach ihrer Verwendung nicht mehr weitergeführt. Welche Art von Prototyp für Ihr Projekt der Richtige ist, hängt somit ganz stark von der weiteren Vorgehensweise in Ihrer Entwicklung ab.

Die Prototypen werden oft auch zum Testen eingesetzt. Basieren diese auf Ergebnissen der Systemanalyse, so können Sie natürlich mit diesen Prototypen die Ergebnisse der Analyse überprüfen. Sie müssen sich jedoch im Klaren darüber sein, dass Sie bei einem Test mit einem Prototyp in erster Linie diesen und erst sekundär das zugrunde liegende Modell testen.

Natürlichsprachliche Anforderungen (formalisiert, unformalisiert)

Diese Technik bietet Ihnen die Möglichkeit, Ihre Anforderungen an das System in natürlicher Sprache niederzuschreiben. Dabei können Sie sehr grobe Forderungen an das System aufschreiben oder auch sehr tief in Details eintauchen. Die Technik deckt sowohl funktionale Anforderungen an das System als auch nicht funktionale Anforderungen ab. Eine weitere Dimension bietet die Technik hinsichtlich der Syntax und der Semantik der einzelnen Anforderung. Zur Erläuterung soll folgendes Beispiel dienen:

Variante 1:

Anforderung: Im Normalfall soll der Fahrstuhl, nachdem der Kunde die Ruftaste gedrückt hat, das Stockwerk anfahren und dann das vom Kunden gewünschte Stockwerk (nach oben/unten) anfahren.

Variante 2:

Anforderung 1: Sobald der Fahrstuhl im Stillstand ist, muss der Türmechanismus die Türen für 30 s öffnen.

Anforderung 2: Nach 30 s muss der Türmechanismus die Türen schließen.

Anforderung 3: Falls der zugestiegene Kunde ein höher gelegenes Stockwerk über die Ruftaste angefordert hat, muss der Antrieb den Fahrstuhl aufwärts fahren.
Anforderung 4: Falls der zugestiegene Kunde ein tiefer gelegenes Stockwerk über die Ruftaste angefordert hat, muss der Antrieb den Fahrstuhl abwärts fahren.

Variante 1 und 2 sollen einen identischen Inhalt vermitteln. Jedoch unterscheiden sich Syntax und Semantik wesentlich. Variante 1 spiegelt Anforderungen an das System in unformalisierter Sprache wider. Der Autor der Anforderungen schreibt im Stil einer Geschichte nieder, welche Funktionalität er von dem System erwartet.

In Variante 2 ist der Sachverhalt formalisiert notiert. Der Autor der Anforderungen achtet darauf, möglichst klare und eindeutige Sätze zu bilden, so dass der Interpretationsspielraum möglichst gering ist und keine weiteren Informationen als gewünscht implizit oder explizit vorhanden sind.

In der Praxis finden wir häufig die Notation von Prosa-Anforderungen in einer eher unstrukturierten Variante. Einen Grund dafür sehen wir darin, dass der Personenkreis, der Anforderungen an das System schreibt, zunächst nicht die Notwendigkeit erkennt, durch eine formalisierte Syntax der Anforderungen Defizite in den Anforderungen von vornherein auszuschließen. Anforderungen nach Variante 1 sehen ja auch beim oberflächlichen Betrachten „gut" aus! Ein anderer Grund ist, dass mit dem korrekten Formulieren von Anforderungen auch eine Vielzahl von Entscheidungen getroffen werden müssen. Und vielleicht will oder kann der Ersteller der Anforderungen diese Entscheidungen nicht treffen.

Den formalisierten Anforderungen liegt eine Schablone zugrunde, welche die Grammatik der Anforderungen vorgibt und damit schon aufgrund des vorgegebenen Satzbaus einige häufig auftretende Defizite ausschließt. Im obigen Beispiel (Variante 2) erkennen Sie bereits, dass die strukturierten Anforderungen ausschließlich im Aktiv geschrieben sind. Die Verwendung von Passiv führt nämlich in den meisten Fällen dazu, dass Sie vergessen, den Akteur (das Subjekt des entsprechenden Aktiv-Satzes) mit zu notieren. Damit hat der Leser der Anforderungen eventuell Probleme zu entscheiden, ob nun das System oder ein bestimmter Teil des Systems oder der Benutzer eine Aktion durchführen muss. Ebenfalls standardisiert ist die Verwendung des sogenannten Mo-

daloperators. Darunter sind die Modalverben (soll, muss, kann, ...) zu
verstehen, die die Verbindlichkeit einer Anforderung festlegen. Es besteht ein großer Unterschied zwischen den Formulierungen „Das System
muss ..." und „Das System sollte ...".

Falls Sie sich dazu entscheiden, Schablonen zur Formulierung natürlichsprachlicher Anforderungen zu nutzen, haben Sie einen weiteren
Vorteil. Sie können die Verwendung der Schablonen durch ein Tool unterstützen, das dann zusätzlich sicherstellt, dass nur bereits definierte
Substantive und Prozessworte (die Verben im Satz) verwendet werden.
Dies führt zu sehr präzisen, kaum noch interpretierbaren Formulierungen. Allerdings erkaufen Sie sich diese Vorteile damit, dass die
Anforderungen schwer lesbar werden. Lebt nicht ein kurzweiliger Text
unter anderem davon, dass er nicht immer wieder die gleichen Wörter
benutzt. An dieser Stelle müssen Sie also die beiden Kriterien Eindeutigkeit und Akzeptanz sorgfältig gegeneinander abwägen. Mehr zu diesem
Thema finden Sie in [REM09].

Natürlich schließen Prosa-Anforderungen einen Mittelweg zwischen
unformalisiert und streng formalisierter Formulierung nicht aus. Entscheidend für die richtige Wahl des Formalisierungsgrades ist das Know-
how und die Bereitschaft der an diesem Prozess Beteiligten, also der
Schreiber und aller Leser der Anforderungen, mit formalisierter Sprache umzugehen. Berücksichtigen Sie auch, wie viel Aufwand Ihnen für
die Erstellung der Anforderungen zur Verfügung steht und zu welchem
Zweck Sie die Anforderungen schreiben. Für einen rein internen Ge-
brauch ohne Verbindlichkeiten ist es weniger kritisch, wenn ein Begriff
nicht eindeutig definiert ist, solange ihn alle Beteiligten gleich verstehen.
Möchten Sie jedoch die Dokumentation als rechtskräftiges Dokument an
z. B. Zulieferer weitergeben, gewinnt die Eindeutigkeit der Anforderung
massiv an Bedeutung. Und auch unter dem Aspekt der gewählten Detailtiefe Ihrer Anforderungen müssen Sie den Einsatzzweck und die zur
Verfügung stehende Zeit berücksichtigen: Weniger kann hier manchmal
mehr sein.

Um unstrukturierte Prosa-Requirements aufzuschreiben, benötigen
Ihre Stakeholder in erster Iteration keine Vorkenntnisse. Sie müssen
„nur" eine gemeinsame Sprache beherrschen. Sicherlich geht es deutlich
schneller, Anforderungen in der eigenen gewohnten Sprache aufzuschreiben. Und damit werden sich die Stakeholder auch leichter tun.

Aber gerade eine langlebigere Dokumentation, die z. B. Änderungen unterliegt, Inkonsistenzen und Redundanzen möglichst ausschließen soll
und einen Anspruch auf Vollständigkeit besitzt, benötigt ein Mindestmaß, abhängig von der Komplexität des Systems, an äußerer Form.
Für die einzelne Anforderung heißt das, dass sie einem für das Projekt
geeigneten Formalisierungsgrad mit definierter inhaltlicher Detailtiefe
gehorchen muss. Ein Dokument, das alle Anforderungen beinhaltet,
muss auch eine geeignete Struktur besitzen. Hierzu jedoch mehr in
Kap. 5 „Das wichtige Wissen richtig verwalten".

Techniken zur Beschreibung der Struktur

Diese Techniken bilden die Struktur des Systems unter einer bestimmten
statischen Sicht ab. Hier wird beschrieben, welche Objekte oder Klassen von Objekten in Ihrem System eine Rolle spielen und mit welchen
anderen Klassen sie im Zusammenhang stehen.

Als Dokumentationstechnik für die Struktur möchten wir an dieser
Stelle das Klassendiagramm vorstellen. Auch mit natürlicher Sprache
lässt sich diese Perspektive beschreiben. Allerdings sind wir in diesem
Kapitel bereits auf die natürlichsprachliche Dokumentation eingegangen,
so dass wir hier auf den Abschnitt weiter oben verweisen möchten.

Klassendiagramme

Betrachten wir das Klassendiagramm als Analysemodell näher, so stellen
wir fest, dass die einzelnen Klassendiagramme die Begrifflichkeiten des
Modells in Abhängigkeit voneinander darstellen. Also wie hängt, um auf
unser Beispiel zurückzukommen, die einzelne Fahrstuhlsteuerung mit
den Stockwerken zusammen? In einem Analysemodell, wie in Abb. 4.7,
können die Namen der Fachklassen sauber definiert und voneinander abgegrenzt werden und entsprechende Attribute und Operationen/
Methoden der korrekten Klasse zugeordnet werden. Auch in den Namen
der Attribute und Operationen spiegelt sich der fachliche Inhalt wider.
Somit dient das Klassendiagramm in der Analyse als Begriffsdefiniti-
onsmodell. Alle wichtigen Begriffe, die Sie z. B. in den natürlichsprachlichen Anforderungen nutzen, können Sie in diesem Begriffsmodell
definieren.

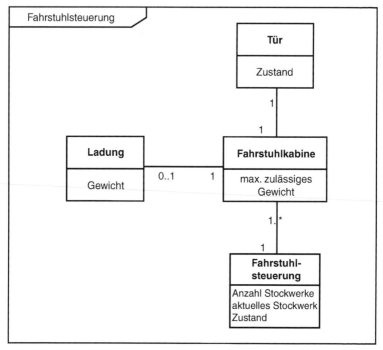

Abb. 4.7 Klassendiagramm „Fahrstuhlsteuerung"

Des Weiteren zeigt das Klassendiagramm die Abhängigkeiten der Klassen voneinander, so dass die korrekte Abbildung des Fachkontexts sichergestellt werden kann. In unseren Anforderungen weiter oben haben wir gefordert, dass der Fahrstuhl diverse Stockwerke anfahren soll. Im Analysemodell haben wir nun abgebildet, welche Klassen benötigt werden und wie sie heißen. Somit können wir nun den Zusammenhang zwischen der Fahrstuhlsteuerung, den Fahrstuhlkabinen und der Tür abbilden. In der Analyse wird auch erkannt, welche Gemeinsamkeiten einzelne Klassen haben und entschieden, ob man diese in einer Oberklasse herauszieht und in davon abgeleiteten Unterklassen die Spezialisierung modelliert. In unserem Beispiel könnten wir diesen Sachverhalt mittels der abstrakten Klasse „*Fahrt*" und den von ihr abgeleiteten Klassen „*Vorzugsfahrt*" und „*Standardfahrt*" andeuten. Zusätzlich werden Mengenverhältnisse in dem Diagramm sichtbar. In unserem Beispiel sehen wir, dass an einer Fahrstuhlsteuerung auch mehrere Fahrstuhlkabinen angeschlossen sein können.

Neben der Verwendung des Klassendiagramms als Begriffsmodell existiert noch eine sehr formale Option als Erweiterung dieser Verwendung. Wenn Sie die im Begriffsmodell definierten Attribute und Operationen noch detaillierter beschreiben, erzeugen Sie ein sogenanntes Analysemodell. Die Operationen können Sie z. B. mit den weiter unten aufgeführten Aktivitätsdiagrammen definieren, und für die Attribute können Sie weitere Notationsmöglichkeiten des Klassendiagramms nutzen. Bitte achten Sie jedoch darauf, dass Sie, da wir uns ja noch in der Analysephase befinden, keine technologischen Abhängigkeiten in Ihr Modell einfließen lassen. Sie erzeugen mit einem solchen Vorgehen eine sehr vollständige und formale Beschreibung, die auf den Klassen des Begriffsmodells aufsetzt. Allerdings erkaufen Sie sich diese Qualität mit sehr viel Aufwand. Weiterhin werden diese Modelle nur noch von einem kleinen Leserkreis verstanden, meistens nur noch von den späteren Software-Entwicklern.

Unterstützende Techniken

Entscheidungstabelle

Eine schon lange eingesetzte Technik der Dokumentation sind Entscheidungstabellen. Wir kennen sie sowohl im Einsatz in der Systemanalyse als auch in einer späteren Projektphase, dem Testen.

Entscheidungstabellen unterteilen sich grundsätzlich in zwei wesentliche Sektoren. Im oberen Sektor der Entscheidungstabelle werden die Bedingungen notiert, z. B. „*Fahrstuhl im gerufenen Stockwerk*" in der Tab. 4.2. In dem unteren Sektor werden die Aktionen des Systems aufgelistet. Z. B. „Nach oben fahren" wäre eine der geforderten Aktionen. Als nächster Schritt werden alle Bedingungskombinationen, Zutreffen (J), Nichtzutreffen (N), eingetragen. Im Anschluss ist es sinnvoll, die relevanten Bedingungskombinationen herauszufiltern, sprich die Tabelle zu konsolidieren. An dieser Stelle prüfen Sie, welche der Bedingungen keinen sinnvollen Zusammenhang haben, sich unter Umständen gegenseitig ausschließen etc. Dies führt dann zu einer Vereinfachung der Tabelle. Ein

Tab. 4.2 Entscheidungstabelle

	1	2	3	4	5	6
1. Fahrstuhl gerufen		J				N
2. Fahrstuhl im gerufenen Stockwerk	J	N				-
3. Position des Fahrstuhls	-	oberhalb		unterhalb		-
a) Nach oben fahren	-	-		X		-
b) nach unten fahren	-	X		-		-
c) Türen öffnen	X	-		-		-

potenzieller Kandidat wäre in unserem Beispiel, wenn sich der Fahrstuhl bereits in dem gerufenen Stockwerk befindet (Bedingung 2), dann besitzt die Bedingung 3 keine Relevanz. Solche irrelevanten Fälle werden im oberen Teil mit „–" eingetragen.

Im unteren Sektor tragen Sie die geforderten Aktionen des Systems ein. Soll eine Aktion bei einer Bedingungskombination ausgeführt werden, kennzeichnen Sie die entsprechende Aktion mit „x" in der jeweiligen Spalte. Aktionen, welche aufgrund der Bedingungskombination oder einer einzelnen Bedingung nicht ausgeführt werden können oder dürfen, werden mit „–" umgesetzt.

Bedingung und Aktion werden in natürlicher Sprache abgebildet. Entscheidungstabellen können in der Systemanalyse weiterhelfen, wenn eine Vielzahl an Bedingungen zu bestimmten Aktionen des Systems führt bzw. komplexe Kombinationen möglich sind. Die Entscheidungstabelle hilft Ihnen auch in solchen Situationen, Vollständigkeit, Widerspruchs- und Redundanzfreiheit zu erreichen. Ein weiterer Vorteil ist, dass sie für die spätere Umsetzung bereits durchdachte Abfragen liefert und dem Entwickler damit die Arbeit deutlich erleichtert. Zu beachten ist allerdings, dass nicht alle Arten von Anforderungen in einer Entscheidungstabelle darstellbar sind.

Natürlichsprachliche vs. diagrammbasierte Dokumentation

Natürliche Sprache ist bestens dazu geeignet, auf einer sehr abstrakten Ebene Sachverhalte zu schildern. Zudem wird die natürliche Sprache von allen verstanden, was den Kreis potentieller Leser stark erweitert. Ebenso ist Prosa bestens dafür geeignet, eine Black-Box-Sicht auf das System zu beschreiben. Diagramme verführen hier oft dazu, Designentscheidungen vorweg zu nehmen.

Diagramme hingegen sind gut dazu geeignet, Sachverhalte zu strukturieren und Abläufe oder Entscheidungswege sehr übersichtlich darzustellen. Hier tendiert natürliche Sprache dazu, mittels langer Wenn-dann-Strukturen unübersichtlich zu werden. Anhand von Diagrammen wird auch oft schnell sichtbar, für welchen Teilbereich noch keine oder nicht ausreichend Anforderungen formuliert wurden. Im Hinblick auf das spätere Design und die Entwicklung eines Systems können Diagramme Verständnisschwierigkeiten minimieren und bereits wertvolle Vorarbeit leisten.

Diagramme sollten sie generell nicht einsetzen, wenn der Aufwand, sie zu erstellen und zu pflegen, unverhältnismäßig groß wäre und der Sachverhalt gut durch natürliche Sprache auszudrücken ist. Ebenso sind Diagramme nicht für jeden anwendbar oder lesbar, und oft scheitert es auch einfach am Willen der Stakeholder, sich mit eher semiformalen Diagrammen auseinanderzusetzen.

4.4 Die Bewertung der Techniken

Für die vorgestellten Techniken wollen wir Ihnen nun eine Übersicht geben, mit der Sie die Techniken anhand der vorgestellten Merkmale auf den Einsatz in Ihrem Projekt bewerten können.

In den Tabellen sind in den Zeilen die Techniken und in den Spalten die Merkmale eingetragen. In jedem Feld ist dann eine grobe Bewertung der Technik bezüglich des entsprechenden Merkmals angegeben. Wenn die Güte einer Technik stark von weiteren Randbedingungen abhängt, haben wir ein Intervall angegeben, das die Werte von *nicht geeignet* (−) bis zu *sehr gut geeignet* (++) beinhalten kann.

Diese Tabellen spiegeln unsere Erfahrungen in der Arbeit mit den einzelnen Techniken wider. Wenn Sie bereits einzelne Techniken eingesetzt haben, werden Sie vielleicht die eine oder andere Bewertung leicht verschoben sehen. Dies sollte jedoch nichts an den prinzipiellen Aussagen

Tab. 4.3 Gegenüberstellung der Dokumentationstechniken zum Inhalt

	Funktionale Anforderungen	Nicht funktionale Anforderungen	Oberflächenanforderungen	Prüfspezifikation	Begriffsmodelle
Use-Cases	++	–	–	–	–
Szenarien	+	+	– bis +	–	–
Natürlichsprachliche Anforderungen	++	++	– bis ++	++	+
Klassendiagramme	–	–	–	–	++
Zustandsdiagramme	+	–	+	+	–
Aktivitätsdiagramme	+	–	+	+	–
Prototypen	+	– bis +	+ bis ++	–	–

ändern, da bei Ihnen vielleicht sehr spezielle Projektspezifika zum Tragen kamen, die wir hier nicht in Betracht ziehen konnten.

Neben den Merkmalen spielt, wie erwähnt, auch der Typ der Information, die dokumentiert werden soll, eine wichtige Rolle bei der Auswahl einer Dokumentationstechnik. Dazu haben wir in Tab. 4.3 die wichtigsten zu erstellenden Produkte aus dem zweiten Kapitel den Techniken gegenübergestellt.

In der Tab. 4.3 fällt auf, dass wir die natürlichsprachlichen Anforderungen fast überall als geeignet bewertet haben. Sie haben aufgrund ihrer Variabilität ein sehr großes Anwendungsspektrum. Im Gegensatz dazu stehen die Klassendiagramme. Jedoch wird ihr Einsatz zumindest als strukturierendes Mittel z. B. der Zustandsdiagramme notwendig.

Im Bereich der nicht funktionalen Anforderungen können wir Ihnen leider nicht viele Alternativen anbieten. Diese Art der Anforderungen ist noch immer ein großer Bestandteil der Forschung. Erste Ansätze zur Verbesserung ergeben sich jedoch durch die konsequente Wiederverwendung von natürlichsprachlichen Anforderungen in dem IVENA Forschungsprojekt (www.sophist.de).

Tab. 4.4 Weitere Kriterien zur Auswahl einer Dokumentationstechnik

	Detailebene	Konsistenz	Vollstän- digkeit	Verfolg- barkeit	Art des Systems
Use-Cases	1 bis 2	–	–	+	T und G
Szenarien	1 bis 3	–	–	–	T und G
Natürlich- sprachliche Anforde- rungen	0 bis 3	–	+	– bis +	T und G
Klassen- diagramme	1 bis 4	+	+	++	T und G
Zustands- diagramme	1 bis 4	–	+ bis ++	++	T
Aktivitäts- diagramme	1 bis 4	–	+ bis ++	++	G
Prototypen	3 bis 4	+	–	–	T und G

Für eine detailliertere Betrachtung der Anforderungen an die Ober-
flächen verweisen wir auf [Rupp03], wo diese Anforderungen weiter
zerlegt werden und Techniken zur Beschreibung der einzelnen Bestandteile vorgestellt und bewertet werden.

Die nächsten Kriterien zur Auswahl einer geeigneten Dokumentationstechnik sind die fachlichen Merkmale in Tab. 4.4. Hierbei unterschieden wir bei der Art des Systems die technisch orientierten Systeme (T)
und die mehr geschäftsprozess-orientierten Systeme (G). Die nicht-
funktionalen Anforderungen haben wir bereits als spezielle Art der
Anforderungen in der vorangegangenen Tabelle betrachtet.

Bezüglich der Konsistenz weisen fast alle Dokumentationstechniken
Schwierigkeiten auf. Hier spielt das im nächsten Kapitel vorgestellte Ver-
walten der Dokumente eine wichtige Rolle. Die Szenarien schneiden in
Tab. 4.4 wegen ihrer fehlenden Syntax im Allgemeinen schlecht ab.

Die organisatorischen Merkmale sollten als nächstes Ihre Auswahl
weiter einschränken. Die Lebensdauer haben wir mit – (nicht geeignet
für eine lange Lebensdauer) bis ++ (geeignet zur Aufbewahrung über
einen langen Zeitraum) bewertet. Bei der Komplexität bedeutet ein „–"
dass die Technik nur für einfache Probleme geeignet ist. Unsere Erfahrungen haben wir in Tab. 4.5 dargestellt.

Tab. 4.5 Organisatorische Merkmale bei der Auswahl einer Dokumentationstechnik

	Lebensdauer	Komplexität des Problems	Eindeutigkeit
Use-Cases	–	–	–
Szenarien	+	– bis +	–
Natürlichsprachliche Anforderungen	+ bis ++	+ bis ++	+
Klassendiagramme	+ bis ++	+	++
Zustandsdiagramme	+	+	++
Aktivitätsdiagramme	+	+	++
Prototypen	–	–	+

Tab. 4.6 Menschliche Faktoren bei der Auswahl einer Dokumentationstechnik

	Verständlichkeit	Akzeptanz
Use-Cases	+	++
Szenarien	+	++
Natürlichsprachliche Anforderungen	+	+
Entscheidungstabellen	+	–
Klassendiagramme	–	+
Zustandsdiagramme	–	+
Aktivitätsdiagramme	–	+
Prototypen	++	++

Auch für die Eindeutigkeit spielt die fehlende Syntax der ersten drei Techniken eine entscheidende Rolle. Bei den anderen Techniken wird ein gewisser Grad an Eindeutigkeit durch die Definition der Technik schon impliziert. Weiterhin haben wir festgestellt, dass fast alle Techniken gut geeignet sind, um den Inhalt der Dokumentation über einen längeren Zeitraum zu pflegen.

Den letzten Punkt bilden die menschlichen Merkmale aus Tab. 4.6. Denken Sie immer daran, dass Ihnen die beste Dokumentationstechnik nichts nützt, wenn niemand außer Ihnen diese versteht und somit nicht nutzt.

Während wir bei den vorigen Bewertungen die ersten drei Techniken wegen des fehlenden Formalismus noch schlecht bewertet haben, bieten sie jedoch bezüglich der Akzeptanz entscheidende Vorteile. Einzig die Prototypen sind unserer Meinung nach bezüglich beider Kriterien hervorragend geeignet.

Gliederungsstrukturen von Anforderungsdokumenten

Jede Form der Informationsverwaltung verlangt nach Strukturen. Denn ohne Strukturen – ohne eine Form der Gliederung – wird es Ihnen schwer fallen, die Übersicht zu behalten.

Aus mindestens zwei Gründen sollten Sie sich schon früh Gedanken über die Struktur der Spezifikation machen:

1. Lücken finden – Eine Struktur, die nicht vollständig gefüllt ist, weist auf potenzielle Spezifikationslücken hin.
2. Lücken lassen – Planen Sie von Anfang an ein, dass im Laufe des Projektes noch Aspekte hinzukommen, von denen Sie jetzt noch nichts wissen können.

In den letzten Jahren sind eine Reihe von Standardgliederungen entstanden:

• Volere,
• V-Modell XT,
• IEEE 830-98.

Solche Standardstrukturen sind mit dem Ziel entwickelt worden, eine Basis für eine eigene Gliederungsvorlage zu bieten. Sie sind sehr allgemein gehalten und gut dokumentiert, um einer möglichst großen Gruppe von Interessenten von Nutzen zu sein.

Schritte auf dem Weg zu einer guten Gliederung:

1. Prüfen Sie, ob es in Ihrem Unternehmen Vorlagen für Spezifikationen gibt. Falls nicht, schauen Sie sich verfügbare Standardgliederungen an und passen Sie diese eventuell an Ihr Projekt an.
2. Legen Sie in der verwendeten Struktur einen Platz für all die Informationsarten, die Sie verwalten möchten, an.

3. Legen Sie fest wie die von Ihnen gewählte Struktur im einzelnen verwendet werden soll. Dokumentieren Sie sowohl eine Leseanleitung als auch einen Leitfaden für die Autoren. Beides ist wichtiger Teil des RE-Konzeptes.

Das wichtige Wissen richtig verwalten

Wie Sie das für die Analyse Ihres Systems relevante Wissen ermitteln und dokumentieren können, haben Sie in den vorangegangenen Kapiteln erfahren. Nun werden wir uns darauf konzentrieren, was es beim Verwalten von Wissen zu beachten gilt. Aber was bedeutet eigentlich „verwalten" im Zusammenhang mit der Systemanalyse? Das Verwalten von Wissen bedeutet hier:

- eine Unmenge von Informationen unterschiedlichster Ausdrucksformen und Inhalte aktuell zu halten,
- Informationen miteinander zu verknüpfen,
- Widerspruchsfreiheit über die Gesamtheit aller Informationen zu gewährleisten,
- die optimale Sichtweise auf Informationsinhalte für verschiedene Leser sicherzustellen,
- die gewonnenen Informationen so zu strukturieren, dass benötigte Informationen schnell auffindbar sind.

Verwalten ist ein andauernder Prozess, der vor dem Projektstart mit dem Erheben der ersten Visionen, Ideen oder Probleme beginnt, bis zum Lebensende des Systems andauert und die Ordnung all Ihrer Dokumentationen zu diesem System sichert.

In den folgenden Abschnitten werden Sie erfahren, welche Informationen verwaltet werden, was es bei der Strukturierung der Informationen zu beachten gilt und wie Sie aktuell benötigte Informationen aus der Gesamtheit aller Dokumente herausfiltern können.

SOPHIST GmbH, C. Rupp, *Systemanalyse kompakt*, IT kompakt, 89
DOI 10.1007/978-3-642-35446-5_5, © Springer-Verlag Berlin Heidelberg 2013

Es sei hier darauf hingewiesen, dass der Begriff *Informationen* in diesem Kapitel allgemein für jegliche Arten von Repräsentation von Wissen (Text-Dokumente, Modelle usw.) steht.

5.1 Wegwerfen, Aufheben oder Aktualisieren?

Was sollte lieber weggeworfen oder gleich weggelassen werden?

Um die Aufwände für das Verwalten von Wissen möglichst gering zu halten, sollten Sie sich auf die Informationen beschränken, die im Projekt wirklich benötigt werden. Die Praxis zeigt, dass oft Wissen gepflegt wird, das eigentlich nicht, oder nicht mehr, gebraucht wird. Dies geschieht oft nur, um Vorschriften Folge zu leisten, ohne diese zu reflektieren und sie gegebenenfalls abzuschaffen. Wenn Sie Dokumentationen „wegwerfen", können Sie Zeit gewinnen und sich verstärkt um das essenzielle Wissen kümmern. Um herauszufinden, welche Dokumente Sie verwalten müssen, sollten Sie sich folgende Fragen für jedes Dokument stellen:

- Welche Lesergruppe besteht auf die Informationen?
- Gibt es einen Sponsor für dieses Dokument (jemanden, der sich für das Dokument/den Inhalt des Dokuments verantwortlich fühlt)?
- Gibt es eine andere Repräsentation des Dokuments, die den gleichen Inhalt ebenfalls wiedergibt? (Redundanzen zwischen Dokumenten erschweren die Pflege!)
- Gibt es Redundanzen innerhalb eines Dokumentes? (Redundanzen innerhalb eines Dokumentes können zwar die Lesbarkeit erleichtern, erschweren aber die Pflege!)
- Benötigen Sie dieses Dokument als Basis für konkrete Tätigkeiten:
  - für die Planung der Systementwicklung?
  - für die Entwicklung des Systems?
  - für den Test des Systems?
  - für die Wartung/Weiterentwicklung des Systems?
  - für die Anbindung des Systems an andere Systeme?
  - für die Kommunikation mit Ihren Stakeholdern?

- Was kann im schlimmsten Fall passieren, wenn dieses Dokument nicht verwaltet, also weggeworfen wird?
- Kann dieses Dokument ad hoc, mit wenig Aufwand aktualisiert werden, falls es plötzlich benötigt wird?

Wenn diese Fragen für jedes Dokument beantwortet sind, werden Sie feststellen, welche Dokumente Sie wegwerfen können, welche Dokumente prinzipiell zu welchem Zweck benötigt werden und welche Dokumente besonders wichtig sind. Nach dieser Gewichtung der einzelnen Dokumente nach ihrer aktuellen Wichtigkeit für Ihr Projekt können Sie sich entscheiden, welche Dokumente verwaltet werden müssen. Überflüssige Dokumente können erst einmal weggelassen werden. Besonders wichtigen Dokumenten widmen Sie besondere Aufmerksamkeit. Falls es in Ihrem Projektumfeld naheliegt, dass Sie später Dokumente für ein anderes System wieder verwenden können, sollten Sie allerdings dieses Wissen aufheben, auch wenn es aktuell nicht benötigt wird. Dadurch können Sie in nachfolgenden Projekten einiges an Entwicklungskosten sparen.

Wissen, das oftmals weggeworfen werden kann:

- Redundanzen zwischen Dokumenten (unterschiedliche Dokumente geben den gleichen Inhalt wieder; trennen Sie sich vom umfangreicheren),
- Redundanzen innerhalb eines Dokumentes (erhöht in den meisten Fällen die Lesbarkeit, aber auch den Pflegeaufwand),
- Informationen, die von niemandem benötigt werden (z. B. Dokumente, die ihre Gültigkeit verloren haben).

Allerdings sollten Sie sich bewusst sein, dass gewisse Informationen redundant sein sollten. Dazu gehören besonders Analyseergebnisse, die eine hohe Kritikalität aufweisen (siehe dazu auch Kapitel „Systemanalyse im Überblick", Abschnitt „Produkte der Analyse systematisch"). Diese beleuchten eine Problemstellung häufig aus unterschiedlichen Blickwinkeln und in verschiedenen Detaillierungsgraden, um die Informationen möglichst vollständig und für jeden Stakeholder verständlich zu beschreiben. Sorgen Sie dafür, dass solche Dokumente nicht weggeworfen, sondern ständig aktualisiert werden.

Welches Wissen sollte aktualisiert werden?

Was zwingt Sie eigentlich dazu, Ihr Wissen ständig zu aktualisieren? Dass sich Anforderungen und damit die zu verwaltenden Informationen im Laufe der Projektlaufzeit ändern, hat viele Ursachen. Bei Dokumentation der meisten Informationseinheiten wird von vornherein inkrementell vorgegangen, da das notwendige Wissen nicht in einem Zug erhoben werden kann und einem gewissen Abstimmungsprozess unterliegt. Auch Fortschritte in der Technik zwingen einen Systemanalytiker vor allem bei längeren Projektlaufzeiten zu Änderungen an bereits ermitteltem und dokumentiertem Wissen. Weitere Faktoren, die Änderungen hervorrufen, sind: veränderte Kundenbedürfnisse, neue politische, rechtliche oder technische Randbedingungen oder auch Änderungen an der unternehmensinternen Organisation.

Unabhängig vom Änderungsgrund spielt die Art, wie dokumentiert wurde, eine große Rolle für den Änderungsaufwand. Generell gilt, dass Dokumentationen umso häufiger geändert werden müssen, je konkreter und detaillierter sie sind.

Wohingegen Informationsinhalte weniger Änderungen unterworfen sind, wenn

- sie abstrakt sind (also keine Beispiele oder konkrete Werte enthalten),
- sie technikneutral sind (also keine Realisierungsentscheidungen enthalten),
- sie unterschiedliche Systemebenen klar trennen (Verarbeitungslogik, Präsentation, Speicherung),
- sie keine Prozessabläufe enthalten.

Um den Aufwand für durchzuführende Änderungen möglichst gering zu halten, sollte deshalb versucht werden, Informationen möglichst nach diesen Faktoren zu gestalten. Vielleicht müssen Sie an einigen Stellen davon abweichen. Wenn es möglich ist, sollte jedoch dokumentiertes Wissen so lange wie möglich in dieser Form gehalten und erst dann konkretisiert werden, wenn dies aktuell verlangt wird.

Pflicht-Anforderungen sollten Sie, unabhängig von der Art und Weise, wie Sie diese Informationen dokumentieren, ständig aktualisieren. Pflicht-Anforderungen sind letztendlich rechtlich verbindlich und sollten demnach nicht veralten.

Wissen, das oft ständig aktualisiert wird:

- Pflicht-Anforderungen an das neu zu erstellende System,
- Pflicht-Anforderungen von/an andere Systeme (die sich auch ändern),
- Pflicht-Anforderungen aus externen Quellen wie Standards (z. B. GSM),
- alle Arten von Modellen, auch Codes,
- Testfälle.

Welches Wissen sollte aufgehoben werden?

Für ein paar Repräsentationen Ihres systemrelevanten Wissens müssen Sie nur wenig Aufwand in deren Verwaltung investieren. In der Regel sind dies Dokumente, die im Vorfeld schon existiert haben und die für das aktuelle Projekt relevant sind. Dazu zählen einzuhaltende Richtlinien, Normen, Standards und Styleguides, auf die Sie sich beziehen müssen, oder auch Dokumentationen, die Sie für die Ist-Analyse eines bestehenden (Alt-)Systems heranziehen (Benutzerhandbuch, Anforderungsdokumente, Code). Bei solchen Repräsentationen von Wissen genügt eine einfache Archivierung, da sie nicht geändert werden müssen und auch keinem Abstimmungsprozess unterliegen, der die dort hinterlegten Informationen im Detail validiert.

Zu weiteren Dokumenten, in die kein besonderer Verwaltungsaufwand investiert wird, zählen häufig Wunsch-, Absichts- und Vorschlagsanforderungen. Diese sind im Verhältnis zu den rechtlich verbindlichen Dokumenten meist recht wenig und überschaubar zu verwalten. Falls Sie im aktuellen Projekt nicht dazu kommen, Wunsch-, Absichts- und Vorschlagsanforderungen umzusetzen, heben Sie sie für das nächste Release oder für die nächste Version Ihres Systems auf.

Je nach Projektumfeld und Unternehmensstruktur sollten Sie sich generell überlegen, ob Wissen, das in dem aktuellen Projekt ermittelt wird, vielleicht später oder in einem zukünftigen Projekt benötigt wird (Wissen über wiederverwendbare Module, nicht funktionale Anforderungen etc.).

Wiederverwendung von Wissen ist ein sehr wichtiger Aspekt, der leider sehr häufig nicht genügend überdacht wird, da das Hauptaugenmerk meistens auf das momentane Projekt gelenkt wird und keine Zeit daran

„verschwendet" werden soll, für ein zukünftiges Projekt Zeit und Kosten zu investieren. Wenn Sie später allerdings auf bereits vorhandenes
Wissen zurückgreifen, kann bei der Verwendung von schon erprobten
Systemkomponenten viel Zeit, Geld und Aufwand gespart werden. Wie-
derverwendbares Wissen sollte möglichst abstrakt und technikneutral
beschrieben sein, um das Anpassen des Wissens an den neuen Pro-
jektkontext so einfach wie möglich zu gestalten. Insbesondere nicht
funktionale Anforderungen eignen sich zur Wiederverwendung.

Wissen, das meist aufgehoben werden sollte:

• Bestehende Beschreibungen eines Altsystems (Benutzerhandbücher,
  Anforderungsdokumente, Schulungsunterlagen),
• Codes,
• Verträge,
• einzuhaltende Normen, Richtlinien, Standards,
• Konzeptunterlagen.

5.2 Rollen- und Workflow-Modell

Dokumente werden in der Regel von vielen unterschiedlichen Personen
erstellt, gelesen, weiterbearbeitet und abgezeichnet. Um Verantwor-
tungsbereiche für die Bearbeitung von Dokumenten und einen Workflow
festlegen zu können, entwerfen Sie ein Rollenmodell. Dafür werden die
bei der Systemanalyse involvierten Personen in Gruppen zusammengefasst, wenn sie ähnliche Aufgaben und Verantwortlichkeiten haben.
Ziel des Rollenmodells ist es, alle Rollen zu identifizieren und ihnen
Eigenschaften zuzuordnen. Aufgabenbereiche und -abgrenzungen werden für jede Rolle definiert. Der Vorteil für die Projektbeteiligten liegt
in der Transparenz, da ihnen klar gezeigt wird, für welchen Bereich sie
zuständig sind und was von ihnen erwartet wird. Abhängig von dem
von Ihnen verwendeten Vorgehensmodell wird Ihnen eine Anzahl von
Rollen vorgegeben (z. B. V-Modell 97). Falls Sie ein Vorgehensmodell
gewählt haben, welches die Rollen ungenügend beschreibt, müssen Sie
selbst Rollen definieren. Auf jeden Fall müssen Sie aber darauf achten,
dass Sie das Rollenmodell auf die Schwerpunkte Ihres Projektes ausrich-
ten.

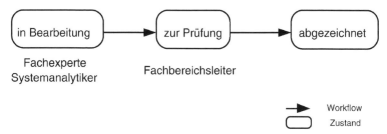

Abb. 5.1 Workflow einer Anforderung

Das Workflow-Modell legt die Lenkung von Dokumenten fest und damit welche Rolle in welchem Teil des Lebenszyklus (Zustand) eines Dokuments für dessen Bearbeitung zuständig ist. Durch den Entwurf des Workflow-Modells stellen Sie sicher, dass alle notwendigen Arbeitsschritte in einem festgelegten Ablauf durchgeführt werden. Den beteiligten Personen wird dadurch die Möglichkeit gegeben, diejenigen Informationen zu suchen, die sie als nächstes bearbeiten müssen. Nach der Bearbeitung ordnet der Beteiligte dann die Informationen dem nächsten Bearbeiter zu und so weiter. Bestandteil des Workflow-Modells ist auch ein definiertes Freigabewesen. Beispielhaft ist in Abb. 5.1 ein Workflow-Modell dargestellt.

Dabei geht es um die fachliche Freigabe von Dokumenten. Oft bearbeiten die für ein bestimmtes Problemgebiet verantwortlichen Personen die Dokumente, für die sie die Verantwortung tragen, gar nicht. Allerdings müssen sie Dokumente abzeichnen und freigeben. Nur freigegebene Dokumente können weiterverarbeitet werden.

Je mehr Personen an dem Projekt beteiligt sind, und je mehr Informationen verwaltet werden müssen, desto wichtiger ist es, das Workflow-Konzept zu etablieren. Dabei ist die Akzeptanz der beteiligten Personen sehr wichtig. Deshalb sollten Sie bei der Einführung eines Workflow-Modells unter anderem fachliche, psychologische und geografische Aspekte beachten.

5.3 Verbindungen zwischen Anforderungen managen – Traceability

Das Wissen, das für Ihre Systemanalyse benötigt wird, wird in einer gewissen Struktur verwaltet (siehe dazu auch unten „Struktur der Gesamtinformationen"). Allerdings wird dabei nicht bei A begonnen und bei Z aufgehört, sondern gerade zur Verfügung stehende oder eben erhobene Informationen werden in diese Struktur einsortiert.

Um den Überblick über Ihr erhobenes Wissen nicht zu verlieren, sollte zum einen der Lebenszyklus eines Dokumentes nachvollziehbar sein. Zum anderen muss ersichtlich sein, welche anderen Dokumente auf einer Information aufbauen.

Bei der Erstellung einer Systemspezifikation beschreiben Sie einen Teil der realen Welt mit allen für Sie wichtigen Informationen. Dabei entsteht ein komplexes Werk, das möglichst in sich vollständig, frei von Redundanzen und eindeutig sein sollte. Jedes Hinzufügen, Ändern oder gar Löschen bringt diese Harmonie durcheinander. Sie brauchen also ein Verfahren, mit dessen Hilfe Sie die Komplexität dieses Gebildes beherrschen können und mit dem Sie nur den für die Ergänzung, Änderung oder Löschung relevanten Bereich betrachten können.

Aber wie funktioniert das? Jede neue Information basiert auf einer anderen. Jede Änderung hat einen Grund. Diese Zusammenhänge macht man sich zunutze und erreicht durch Verweise (engl. *traces*) zwischen diesen Informationen, dass die Entstehung eines Dokumentes bis zum aktuellen Stand nachvollziehbar ist und Redundanzen vermieden werden. Allerdings sollte man sich darüber im klaren sein, dass das Erstellen und Pflegen von Verweisen generell sehr viel Aufwand bedeutet.

Wir unterscheiden zwei Arten der Traceability: die horizontale und die vertikale Traceability.

Vertikale Traceability

Durch die vertikale Traceability werden Anforderungen miteinander verknüpft, die einen Sachverhalt auf verschiedenen Detailebenen bzw. aus verschiedenen Sichtweisen beschreiben. Dadurch können Sie die

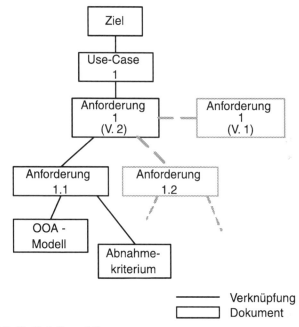

Abb. 5.2   Vertikale Traceability

Historie einer Wissensrepräsentation nachvollziehen. Wenn z. B. eine
Anforderung an das System implementiert wird, soll zum einen der
eigentliche Grund für ihre Existenz ausgehend von den ursprünglich einmal formulierten Zielen an das System (oder an Teile davon) ableitbar
sein. Zum anderen sollten diejenigen Dokumente, die auf den Anforderungen aufbauen, wie z. B. Testfälle oder ein OOA-Modell, ebenfalls mit
den dazugehörigen Anforderungen verknüpft sein. Dieser Sachverhalt ist
in Abb. 5.2 schematisch dargestellt.

Wichtig wird die vertikale Traceability, wenn sich ganze Rahmenbedingungen für ein System ändern: Wenn sich beispielsweise in einer
späteren Phase der Systemanalyse herausstellen sollte, dass eine ganze
Benutzergruppe des Systems wegfällt, kann dasjenige Wissen herausge-
filtert werden, das für diese Benutzergruppe einmal definiert wurde.

Horizontale Traceability

Bei der horizontalen Traceability geht es darum, nachvollziehen zu können, welche weiteren Wissensrepräsentationen noch geändert werden müssen, falls eine bestimmte Wissensrepräsentation geändert wird. Das heißt, man kann ein Verknüpfungsnetzwerk zwischen allen Wissensrepräsentationen oder sogar einzelnen Wissenseinheiten ziehen, die sich gegenseitig beeinflussen.

Im Gegensatz zur vertikalen steht bei der horizontalen Traceability der Aufwand in keinem Verhältnis zu dem zu erwartenden Nutzen. Es kostet immens viel Geld und dauert unverhältnismäßig lange, all diese Verknüpfungen zu erstellen und zu pflegen. Eine Alternative dazu ist, sich darauf zu beschränken, sich im Bedarfsfall bei durchzuführenden Änderungen an einem Dokument zu überlegen, welche weiteren von Änderungen betroffen sind und diese dann zu aktualisieren. Seien Sie sich jedoch darüber im Klaren, dass die Gefahr größer ist, etwas Wichtiges zu übersehen.

Bei der horizontalen Traceability unterscheidet man die Pre-Requirements-Specification Traceability und die Post-Requirements-Specification Traceability. Pre bezeichnet dabei die Traceability von den Anforderungen zu den vorgelagerten (vor den Anforderung entstehenden) Artefakten und Post die Traceability zu den nachgelagerten (nach den Anforderungen entstehenden) Artefakten.

5.4 Konfigurationen

Durch ein Konfigurationsmanagement können Sie dem bei der Systemanalyse entstehenden Chaos der unterschiedlichen Dokumentenstände und deren Bezug zu einzelnen Software-Produkten entgegenwirken. Durchgeführte Änderungen an Dokumenten und Software-Elementen halten Sie mit dem Änderungsgrund, Zeitpunkt der Änderung und der verantwortlichen Person fest. Änderungswünsche und durchgeführte Änderungen werden notiert.

Die während der Systemanalyse verwendeten Dokumente ordnen Sie in einem Konfigurations-Identifikationsdokument den einzelnen Software-Produkten (definierte Bestandteile des Systems) zu. Dadurch können Sie definierte Gesamtstände aller Produkte reproduzieren und Weiterentwicklungen rückgängig machen, falls sich diese als fehlerhaft erwiesen haben.

Baseline

Eine Baseline wird erstellt, um den Inhalt und den Zustand einer Information zu einem gewissen Zeitpunkt festzuhalten.

Baselines werden häufig beim Erreichen von Meilensteinen erzeugt. Das herausragende Merkmal ist, dass die Informationen in einer Baseline nicht verändert werden können. Es ist also jederzeit möglich, den Stand der Baseline einzusehen oder wiederherzustellen.

Versionsverwaltung

Eine wesentliche Rolle bei der Konfigurationsverwaltung spielen Versionsnummern. Die Versionsverwaltung liefert ein definiertes Verfahren für deren Vergabe. Die Version eines Dokuments stellt den Stand eines Dokuments zu einem bestimmten Zeitpunkt dar.

Generell sollten Sie für ein Dokument bei jeder größeren Änderung, mit Angabe des Grundes, eine neue Version erstellen. So bleibt die Entwicklung des Dokuments nachvollziehbar, und durchgeführte Änderungen an dem Dokument können im Bedarfsfall rückgängig gemacht werden. Wichtig neben dem Grund für die neue Version sind auch die Informationen, wer die neue Version erstellt hat und wann diese neue Version entstanden ist.

Bei der Erzeugung einer neuen Version von Dokumenten wird gleichzeitig eine Kopie des Dokuments erzeugt. Veraltete Versionen bleiben so reproduzierbar.

5.5 Änderungsmanagement

Der Gedanke, dass einmal erhobenes Wissen über die gesamte Dauer des Projektes seine Gültigkeit behält, würde zwar die Projektplanung

wesentlich erleichtern; aber Änderungen von Anforderungen und Systemzielen sind in der Systementwicklung unvermeidlich. Wenn das
Änderungsmanagement nicht sorgfältig durchgeführt wird und die sich
ergebenden Änderungen nicht ordentlich im System berücksichtigt werden, kann das sehr große Auswirkungen auf das Projekt haben und den
Projekterfolg massiv gefährden.

Die Gründe für sich ständig ändernde Anforderungen sind verschieden. Der Kunde des Systems ändert mitunter im Laufe der Zeit seine
Wünsche an das System, die Technik entwickelt sich weiter, es werden
fachliche Fehler in den Dokumenten erkannt, das System soll erweitert
werden usw. Unabhängig vom Grund der Änderung gilt es, die Änderungswünsche definiert und strukturiert abzuwickeln. Es muss festgelegt
werden, wie die Änderungswünsche (Change Requests) erfasst werden,
wie und durch wen diese bewertet werden und wie die Durchführung von
Änderungen zu erfolgen hat. So formulieren Sie z. B. einen Änderungswunsch in einem extra dafür vorgesehenen Formular und geben dabei
alle notwendigen Attribute an. Die wichtigsten Parameter dafür sind:

- Beschreibung der Änderung,
- Änderungsgrund,
- Hinweis auf die Dokumente und deren Baseline, auf die sich der Änderungsantrag bezieht,
- Auswirkungen auf Systemkomponenten,
- Darstellung des Ist-Zustandes,
- Darstellung des Soll-Zustandes,
- grobe Realisierungsvorschläge inkl. Aufwandsabschätzung(en) zur
  Unterstützung der Entscheidung.

Der eingereichte Änderungsantrag wird anschließend beurteilt. Wenn
der Änderungsantrag angenommen wird, wird daraus ein Änderungsvorschlag gemacht, der die durchzuführenden Änderungen im Hinblick auf
die Durchführung weiter konkretisiert. Der Änderungsvorschlag wird anschließend in Auftrag gegeben und realisiert.

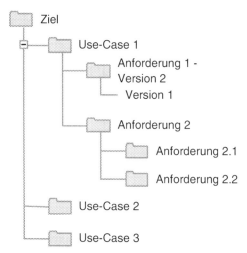

Abb. 5.3 Zentrale Gliederung

5.6 Sichten

Struktur der Gesamt-Informationen

Um den Überblick über die Gesamtheit des dokumentierten Wissens nicht zu verlieren, ist die Strukturierung des Wissens immens wichtig. Prinzipiell gibt es dafür zwei Möglichkeiten. Entweder gibt es einen zentralen Einstiegspunkt über die Dokumente einer Dokumentationstechnik für alle Gruppen von Dokumenten. Oder die Dokumente werden entsprechend ihres Dokumenttyps getrennt voneinander strukturiert.

Strukturierung nach zentraler Dokumentationstechnik: Abhängig davon, welche Dokumentationstechniken eingesetzt werden, wählen Sie als Einstiegspunkt ein Dokument, das Ihr System grob beschreibt (z. B. Use-Case-Diagramme oder Anwendungsfälle).

Von diesen Überblicksdokumenten aus werden die nachfolgenden, detaillierteren Dokumente (Dokumente der anderen Dokumentationstechniken, wie z. B. natürlichsprachliche Anforderungen, Klassendiagramme etc.) verlinkt. Dies ist schematisch in der Abb. 5.3 darge-

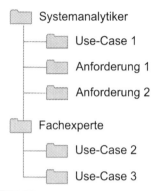

Abb. 5.4 Getrennte Gliederung

stellt. Die Dokumentationstechnik, die Sie als zentralen Einstiegspunkt
gewählt haben, gibt somit die Struktur vor (z. B. nach funktionalen
Gesichtspunkten, wenn die Use-Case-Diagramme die grundlegenden
Funktionen des Systems beschreiben). Die dadurch entstehende Struktur kann gut bei der Navigation zu den verlinkten Dokumenten genutzt
werden.

Wenn Sie Dokumente nach einem zentralen Einstiegspunkt strukturieren, sollten Sie auf eines achten: Die Struktur, die Sie durch die Wahl
des Einstiegsdokumentes vorgeben, sollte die Sichtweise widerspiegeln,
die für Sie am wichtigsten ist.

Strukturierung für getrennte Dokumentengruppen: Werden die verschiedenen Dokumentgruppen getrennt strukturiert, bestehen zwischen
den einzelnen Dokumentationstechniken keine Verlinkungen (vgl. hierzu Abb. 5.4). Der Zusammenhang zwischen den Dokumentgruppen wird
dann nur über eine entsprechende Attribuierung der einzelnen Dokumente erreicht. Dabei wird jedes Dokument z. B. einer bestimmten Funktion
des Systems oder einer bestimmten Systemschicht zugeordnet. Das folgende Beispiel zeigt Dokumente, die nach dem Attribut „Workflow"
sortiert angezeigt werden.

Bei dieser Art der Strukturierung ist es besonders wichtig, dass Sie
für die einzelnen Dokumente diejenigen Attribute pflegen, nach denen
Sie Sichtweisen auf die Gesamtheit aller Informationen richten wollen.
Unterstützung bei dem Finden von zusammengehörigen Dokumenten

könnte Ihnen ein Suchmechanismus bieten, der Ihnen die erforderlichen Informationen aus allen Dokumentgruppen anzeigt.

In der Realität werden die Gesamt-Informationen in einer Mischform dieser beiden Möglichkeiten strukturiert. So sind alle Informationen über einen zentralen Einstiegspunkt strukturiert und miteinander verlinkt. Die einzelnen Dokumente werden aber noch zusätzlich attribuiert. Dadurch können Sie sich z. B. alle zu einer bestimmten Funktionalität gehörende Dokumente anzeigen lassen und durch Filtern der Dokumente nach bestimmten Attributwerten gleichzeitig die Informationen weiter eingrenzen.

Für natürlichsprachliche Anforderungen gibt es einige Standards, die häufig für die Strukturierung eines Anforderungsdokumentes benutzt werden (z. B. Volere, IEEE oder auch firmeninterne Standards). Diese Standards geben Ihnen Hinweise darauf, nach welchen Kriterien Spezifikationen gegliedert werden können.

Sichtweisen auf Dokumente

Meistens werden Sie es bei der Verwaltung von Informationen mit wirklich großen und in der Masse unübersichtlichen Datenbeständen zu tun haben. Deshalb ist es wichtig, verschiedene Sichtweisen auf die zu verwaltenden Dokumente einnehmen zu können.

Je nachdem zu welchem Zweck Informationen gebraucht werden, benötigt jeder Leser seine eigene spezielle Sichtweise. So wird z. B. ein Analytiker bei der Überprüfung der Korrektheit von Anwendungsfällen und den daraus abgeleiteten Anforderungen nur diese Dokumente einsehen wollen. Anforderungen, die nicht auf Anwendungsfällen basieren, sollten dabei ausgeschlossen werden. Oder ein Designer möchte diejenigen Anforderungen betrachten, aus denen ein OO-Modell abgeleitet wurde. Zu einer anderen Zeit wird er aber nur ganz bestimmte OO-Modelle aus der Gesamtheit aller Modelle bearbeiten.

Wie und welche Sichtweisen auf Dokumente gesetzt werden können, hängt stark von der zur Verfügung stehenden Infrastruktur ab. Falls die Verwaltung von Informationen über die Ablage in einem File-System gelöst wurde, werden Probleme entstehen. Die gewonnenen Informationen können Sie dann nicht über Kriterien suchen, die über den Namen des Files, Größe oder Ersteller hinausgehen.

Im Idealfall haben Sie zur Verwaltung von Wissen ein Werkzeug zur Verfügung, in dem Sie alle Ausprägungen von Wissen möglichst redundanzfrei speichern können, unabhängig davon, ob es sich dabei „nur" um Text-Dokumente handelt oder auch um mit Grafik angereicherte. Dabei hat jedes Dokument Attribute, nach denen Sichten auf die Gesamtheit aller Dokumente gesetzt werden können, die jeder Stakeholder-Gruppe die benötigten Sichtweisen liefern.

Außerdem sollte dieses Werkzeug die Abhängigkeiten von Informationen untereinander aufzeigen können und deren Verwaltung möglichst vereinfachen. Von Vorteil wäre die Unterstützung von Standardvorgängen, z. B. eine automatische Versionierung, die bei Änderungen an Dokumenten selbstständig den Bearbeiter, Datum und Änderungsgrund erfasst.

Attribute

Unabhängig von der Art der Wissensrepräsentation gibt es einige Attribute, die für jede Information gepflegt werden müssen. Dadurch ist sichergestellt, dass jedes Dokument anhand dieser Kriterien wiedergefunden werden kann.

Für alle Dokumente erforderliche Attribute sind:

- Zustand/Status:
  klassifiziert den Fertigstellungsgrad des Dokumentes (geplant, in Bearbeitung, vorgelegt, akzeptiert, ...)
- Version:
  ermöglicht das Nachvollziehen der Entwicklung eines Dokuments und warum es sich verändert hat
- Eindeutige Identifizierung:
  jedes einzelne Dokument ist anhand dieses Attributes eindeutig identifizierbar und referenzierbar
- Kapitelstruktur:
  dient der Strukturierung des Dokuments

- Autor:
  der Erfasser der Informationen
- Verantwortlicher:
  der fachlich Verantwortliche des Dokuments
- Workflow:
  für den nächsten Bearbeitungsschritt zuständige Person oder Rolle
- Signatur:
  gibt Auskunft darüber, wer das Dokument zu welchem Zeitpunkt in einen anderen Zustand versetzt hat
- Änderungshistorie:
  gibt Auskunft darüber, wer das Dokument zu welchem Zeitpunkt geändert hat

Die Attribute Zustand und Version sollten Sie in möglichst kleinen Einheiten pflegen, also z. B. bei einzelnen Anforderungen und nicht nur bei ganzen Anforderungsdokumenten. Dies hat den Vorteil, dass Sie die Arbeitsschritte, welche ein einzelnes Dokument durchläuft, sehr genau steuern können.

Wenn die definierten Zustände eines Dokuments dessen Fertigstellungsgrad möglichst präzise beschreiben, kann die Abschätzung des Projektfortschritts anhand der Zustände genau errechnet werden. Bei Zustandsübergängen ist zudem eine gleichzeitige Versionierung des Dokuments von Vorteil. So lässt sich jederzeit der Zustand eines Dokuments vor dem Zustandsübergang reproduzieren.

Speziell für Anforderungen gibt es fünf weitere Attribute, die fachlich notwendig sind:

- Detaillierungsebene (Level 0 bis maximal Level 4)
- Art (funktional, technisch, Benutzerschnittstelle, Dienstqualität, sonstige Lieferbestandteile, Durchführung der Entwicklung, rechtlich/vertraglich)
- rechtliche Verbindlichkeit (z. B. Wunsch, Absicht, Pflicht, Kommentar, Vorschlag)
- Rolle des Stakeholders (Management, Anwender,. . .)
- Priorität bzw. Kritikalität (Hoch, Mittel, Gering, Keine)

Bei der Verwaltung dieser Attribute sollten Sie besonders auf die Festlegung der rechtlichen Verbindlichkeit von Anforderungen achten. Pflicht-

Anforderungen müssen eindeutig als solche gekennzeichnet werden, um
sich bei Termindruck ausschließlich auf sie konzentrieren zu können.
Auch Anforderungen, die eine hohe Priorität bzw. Kritikalität aufweisen, sollten sofort erkennbar sein. Ihnen wird besondere Aufmerksamkeit
gewidmet, um den Projekterfolg nicht zu gefährden. Durch die Beschreibung von Anforderungen auf verschiedenen Detaillierungsebenen
ermöglichen Sie es, das Anforderungsdokument zielgruppengerecht zu
lesen. So umreißen Sie z. B. mit Anwendungsfällen das System recht
grob, und der Leser kann sich sehr schnell ein Bild vom Umfang des
Systems machen. Ein Entwickler wird sich aber auf detailliertere Anforderungen konzentrieren, da er die Feinheiten von Funktionalitäten
verstehen muss.

Anforderungen, die Sie nach deren Art unterscheiden, erhöhen die
Lesbarkeit von Anforderungsdokumenten, forcieren die Wiederverwend-
barkeit und erleichtern das Analysieren von Anforderungen. Insgesamt
verbessern Sie dadurch auch die Sichtenbildung auf das Anforderungsdokument.

Durch die Zuordnung von Stakeholder-Rollen zu Anforderungen ermöglichen Sie den einzelnen Projektbeteiligten die direkte Suche nach
den für sie relevanten Dokumenten.

5.7 Tools

Es gibt viele Dinge, die bei der Verwaltung der Anforderung beachtet
werden müssen. Und viele lassen sich ohne Unterstützung durch ein
Tool gar nicht oder nur unzureichend bewerkstelligen. Somit ist die Verwendung eines Tools für die Verwaltung von Anforderungen gerade in
großen Projekten unerlässlich.

Das Tool muss mindestens folgende Aufgaben unterstützen:

- Verwalten verschiedener Informationen (Anforderungen, Modelle,
  Diagramme, …)
- Verwalten von Beziehungen zwischen den Informationen
- Reports und Auswertungen erstellen
- Bearbeiten der verwalteten Informationen
- Organisieren der Informationen (Hierarchien, Gruppierungen).

Toolkategorien

Je nach ursprünglichem Einsatzzweck und Herkunft lässt sich die große Vielzahl an Tools in drei Kategorien einteilen: Platzhirsche, Mutanten und Stubenfliegen.

Platzhirsche

Als Platzhirsche werden Tools bezeichnet, die speziell für die Tätigkeiten und Herausforderungen in der Systemanalyse entwickelt wurden. Diese Tools können Anforderungen und andere Informationen modellbasiert verwalten und diese meist hierarchisch organisieren. Tools aus dieser Kategorie bieten ein ausgereiftes Versionsmanagement. Sie basieren überwiegend auf Datenbanken mit einem Konfigurationsmanagement und der Möglichkeit, dass mehrere Benutzer daran arbeiten können. Zusammenfassend lässt sich sagen, dass diese Kategorie die Verwaltung der Anforderungen am besten unterstützt.

Mutanten

Unter Mutanten versteht man Tools, die in erster Linie nichts mit der Systemanalyse zu tun haben oder lediglich am Rande damit in Berührung kommen. Häufig handelt es sich dabei um Tools, die einen anderen Bereich der Systementwicklung, wie zum Beispiel das Testen, unterstützen. Die Besonderheit ist, dass diese Tools mit Funktionalitäten angereichert worden sind, die in der Systemanalyse verwendet werden können.

Häufig existiert bei den Mutanten das Problem, dass bei weitem nicht alle Basisfunktionen eines Analysetools erfüllt werden. Das Interessante an diesen Mutanten ist aber, dass die Schnittstellenproblematik zwischen Systemanalyse und anderen Tools kaum noch gegeben ist.

Stubenfliegen

Mit Stubenfliegen sind alle Arten von Standardtools gemeint, die an den meisten Arbeitsplätzen vorhanden sind. Hierzu zählen die diversen Textverarbeitungs-, Tabellenkalkulations- und Zeichenprogramme. Wichtig ist, dass diese Werkzeuge vordergründig nicht für die Systemanalyse entwickelt worden sind. Folglich kann man auch nicht erwarten, dass diese Werkzeuge mit einem für Systemanalyse-Belange umfangreichen Repertoire an Funktionalitäten ausgestattet sind. Für sehr kleine und kurze Projekte in einem überschaubaren Team können diese Tools aber genutzt werden. Der Vorteil dieser Art von Tools ist, dass die meisten Personen den Umgang mit diesen Tools bereits kennen und die Tools an den meisten Arbeitsplätzen auch vorhanden sind.

5.8 Der Weg zum richtigen Tool

Der Einsatz neuer Werkzeuge ist eine Entscheidung, die wohlüberlegt und gut vorbereitet sein sollte. Schließlich bedeutet ein neues Werkzeug einen hohen finanziellen und administrativen Aufwand. Auch ist häufig viel Überzeugungsarbeit innerhalb des Teams, das mit dem Werkzeug arbeiten muss, notwendig. Wichtig bei der Entscheidung für ein oder mehrere Tools ist es, den Menschen, der damit arbeiten soll, nicht aus dem Blick zu verlieren. Auch muss das Tool die Methoden, die im Projekt verwendet werden sollen, unterstützen. Hierbei gilt immer, die Methode bestimmt das Tool und nicht anders herum. Am einfachsten merkt man sich die MMT-Regel. Erst die Menschen (M) zu einem Team zusammenstellen, dann die Methode (M) festlegen und zuletzt ein geeignetes Tool (T) auswählen.

Wie kommt man nun zum richtigen Tool?

Phase 1: Die Vorauswahl
In der ersten Phase wird ein Fragebogen erstellt, um eine grobe Vorauswahl der Tools zu treffen. Dieser Fragenbogen beinhaltet:

- Firmendaten des Herstellers
- Markstellung
- Lizenzinformationen
- Supportdienstleistungen
- Schulungsmöglichkeiten
- Technische Voraussetzungen für den Tooleinsatz

Anhand der Antworten kann aus der Vielfalt der Hersteller und der Tools bereits eine Vorauswahl getroffen werden. Der Sinn liegt darin, dass bei der detaillierteren Prüfung der Tools nicht mehr so viele Tools infrage kommen und somit Aufwand reduziert wird.

Phase 2: Der Kriterienkatalog

Für die detaillierte Evaluierung der infrage kommenden Tools ist es notwendig, verschiedene Sichtweisen in Betracht zu ziehen.

- Technische Sicht
  - Datenbank/Dateisystem
  - Betriebssystem
  - Andere Tools
- Prozesssicht (Methodendefinition)
- Benutzersicht (Benutzer – Benutzer)
- Produktsicht
  - Dokumente
  - Reports
- Projektsicht (Management)
- Betriebswirtschaftliche Sicht
  - Folgekosten
  - Anschaffungskosten

Allerdings müssen Sie nicht zwangsläufig immer alle Sichtweisen betrachten. Wählen Sie nur die aus, die für Sie wichtig erscheinen. Zu den gewählten Sichtweisen müssen Sie nun Anforderungen erheben (vgl. Kap. 3: Wissen professionell erheben). Das Ergebnis ist ein Katalog an Anforderungen an das zukünftige Tool. Allerdings sind nicht alle Anforderungen gleich wichtig. Es gibt Anforderungen, die wirklich ein K.-o.-Kriterium darstellen, und andere, bei denen auch mal ein Auge zugedrückt werden kann. Diesbezüglich lohnt es sich, die Anforderungen zu gewichten (z. B. mittels Prozentzahlen oder Werten von eins bis drei). Als letzten Schritt für die Erstellung des Anforderungskatalogs müssen Sie noch die Bewertungsskala festlegen (z. B. 0 = Anforderung nicht erfüllt, 1 = Anforderung zum Teil erfüllt und 2 = Anforderung vollständig erfüllt).

Phase 3: Die Bewertung

In der letzten Phase der Toolauswahl müssen die infrage kommenden Tools anhand des Kriterienkatalogs bewertet werden. Dafür müssen mehrere Tester bestimmt werden, die die einzelnen Kriterien in den Tools abprüfen. Die Ergebnisse des Testens werden in den Kriterienkatalog übertragen. Zum Schluss können Sie die Ergebnisse miteinander vergleichen. Hier sollten Sie auf jeden Fall die Gewichtung berücksichtigen. Beachten Sie auch, dass üblicherweise die Standardausführung des Tools getestet wird. Viele Tools bieten einige Anpassungsmöglichkeiten, was dazu führen kann, dass eine gewünschte Funktionalität des Tools über Anpassungen erreicht werden kann. So kann aus einem Bewertungsergebnis 0 einer Anforderung doch noch eine 1 werden.

Seien Sie nicht überrascht, wenn am Ende mehr als ein Tool als gleich geeignet bewertet wird. Sie gehören zu einer glücklichen Minderheit, wenn das Gegenteil eintreten sollte. Um nun aus den zwei oder drei Siegern das passende Tool herauszupicken, gibt es nur noch einen letzten Schritt zu tun. Sie müssen sich für eins entscheiden.

5.9 Zusammenfassung

- Pflegen und aktualisieren Sie nur das, was jemandem explizit etwas wert ist!
- Sie sparen Zeit, Geld und Aufwand durch
  - Minimierung der Dokumentation (nur das Erzeugen und Pflegen, was Ihrem Projekt wirklich konkret hilft oder dringend verlangt wird)
  - Vermeidung von Redundanz (außer sie ist für die Akzeptanz notwendig).
- Vermischen Sie nie aktuelle (= glaubwürdige) Dokumentation mit evtl. veralteter (= unglaubwürdiger) Dokumentation. Sie verspielen das Vertrauen in den Wahrheitsgehalt des Inhalts.
- Überlegen Sie sich von Anfang an, ob Sie eine Dokumentation zur Wissenserhebung anlegen oder ob die Dokumente den Produktlebenszyklus überleben sollen. Der Qualitätsanspruch unterscheidet sich deutlich!
- Erarbeiten Sie sich für die Verwaltung von Wissen eine Vorgehensweise, die Ihrem Projekt angepasst, dem Arbeitsprozess ihrer

Mitarbeiter entgegenkommt und Ihnen das effektive Verwalten von Dokumenten ermöglicht.

- Wenn Sie sich über das in Ihrem Projekt relevante Vorgehen im Klaren sind, können Sie zehn geeignete Werkzeuge auswählen, die das Verwalten erleichtern (dabei sollte Ihnen ein Werkzeug die Möglichkeit geben, beliebig durch Ihr Wissensnetz über einen einfachen Einstiegspunkt zu navigieren und die Dokumente nach der Sichtweise zu filtern, die Ihr aktuell benötigtes Wissen darstellt).

Wissen prüfen und abstimmen 6

Im Laufe der Systemanalyse investieren Sie viel Zeit und Ressourcen in die Ermittlung, Dokumentation und Verwaltung von Wissen und schaffen damit ein solides Fundament für die weiteren Schritte in Ihrem Projekt. Was jetzt noch fehlt, ist eine Bestätigung oder Freigabe dieses Wissens, durch die Sie sicherstellen, dass dieses Wissen gewissen Kriterien genügt. Sie unterziehen es einer Prüfung. Solche Prüfungen werden häufig mit den verschiedensten Bezeichnungen belegt oder in Bereiche unterteilt. Neben den Bezeichnungen Verifizieren und Validieren, Produkt- und Prozessprüfungen, formelle oder informelle Prüfungen lassen sich beliebig viele weitere Unterteilungen finden. Im folgenden sprechen wir allgemein von Prüfung und geben Ihnen in diesem Kapitel einen Überblick über die verschiedenen Aspekte einer Prüfung.

6.1 Leitfaden für die Qualitätssicherung

Qualitätssicherung (QS) wird oft synonym zu Test verwendet. Das liegt wahrscheinlich daran, dass früher versucht wurde, die Qualität in ein Produkt „hinein zu testen". Mittlerweile hat sich jedoch die Qualitätssicherung enorm verbessert! Es geht nicht länger nur um den Test und die Abnahme eines fertigen Produktes, sondern vielmehr um einen Prozess, der von Beginn an das Vorgehen im Projekt begleitet und mit geeigneten

SOPHIST GmbH, C. Rupp, *Systemanalyse kompakt*, IT kompakt,
DOI 10.1007/978-3-642-35446-5_6, © Springer-Verlag Berlin Heidelberg 2013

Aktivitäten die Unterstützung darstellt, um aus dem Projektmanagement eine Projektsteuerung zu machen.

Hier nun ein Leitfaden, wie Sie Ihre QS schrittweise aufbauen können und damit auch den Zeitpunkt des Prüfens herleiten:

- Welche Qualitätsziele haben Sie?
  Werden Sie sich als erstes darüber klar, was Sie mit den verschiedenen Ergebnissen erreichen wollen und welche Eigenschaften Ihre Ergebnisse dazu benötigen.
- Welche Risiken könnten Ihre Ziele bedrohen?
  Überlegen Sie regelmäßig für jedes Ziel, was Sie daran hindern könnte, dieses zu erreichen.
- Stellen die Risiken aktuell eine Bedrohung dar?
  Überlegen Sie regelmäßig für jedes Risiko, wie wahrscheinlich und wie kritisch es momentan ist.
- Müssen Sie handeln?
  Überlegen Sie anhand der Wahrscheinlichkeit und der Kritikalität, ob akuter Handlungsbedarf besteht.
- Nur falls akuter Handlungsbedarf besteht, müssen Sie über diese ersten Schritte hinaus etwas tun. Sie benötigen Maßnahmen, durch deren Ausführung das Risiko so vermindert wird, dass es keine Bedrohung mehr darstellt. Die Maßnahmen kann man in zwei Arten einteilen: die präventiven und die kontrollierenden Maßnahmen. Diese Unterteilung wird oft auch als konstruktive und analytische Qualitätssicherung bezeichnet.
- Benötigen Sie Richtlinien?
  Überlegen Sie sich, welche Richtlinien das Risiko verringern könnten und geben Sie diese vor (konstruktive Maßnahme).
- Werden die Richtlinien eingehalten?
  Falls die Vorgabe an Richtlinien nicht ausreicht, um das Risiko zu minimieren, kontrollieren Sie, ob die Richtlinien eingehalten werden (analytische Maßnahme).
- Benötigen Sie Prozessdefinitionen oder Methoden?
  Falls Richtlinien eingehalten werden und trotzdem das Risiko weiter besteht, überlegen Sie sich, welche Methoden, Verfahrensanweisun-

gen, Arbeitsanleitungen, … das Risiko verringern und geben Sie
diese vor (konstruktive Maßnahme).

- Werden die Prozessdefinitionen eingehalten oder die Methoden verwendet?
Falls die Vorgabe an Prozessdefinitionen oder Methoden nicht ausreicht, kontrollieren Sie (und erst dann), ob die Prozessdefinitionen
eingehalten oder die Methoden verwendet werden (analytische Maßnahme).

- Die analytischen Maßnahmen sind die Maßnahmen, in denen Prüfungen durchgeführt werden. Dies können je nach Prüfgegenstand
Prozess- oder Produktprüfungen sein.
Da diese Prüfungen auch geplant werden müssen, fehlen damit noch
die letzten beiden Punkte, um die Liste vollständig zu machen:

- Wann werden die Prüfungen durchgeführt?
Erstellen Sie einen Plan, aus dem hervorgeht, wann und von wem die
Prüfungen durchgeführt werden.

- Was passiert mit den Ergebnissen der Prüfung?
Teilen Sie den Beteiligten das Ergebnis der Prüfung mit, und passen
Sie gegebenenfalls die Bewertung Ihrer Risiken an.

Mit diesen zwölf Punkten haben Sie eine Anleitung für eine kompakte
und agile Qualitätssicherung an der Hand.

In den bisherigen Kapiteln haben Sie erfahren, wie Sie Wissen er-
heben, dokumentieren und verwalten. Daher beschränken wir uns im
Folgenden auf Produktprüfungen, also die Prüfung von dokumentiertem
Wissen.

6.2   Bestandteile einer Prüfung

Prüfen ist eine Aktivität – wie viele andere in Ihrem Entwicklungsprozess auch – und besteht aus mehreren, in Abb. 6.1 dargestellten Teilen.

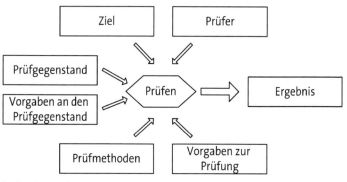

Abb. 6.1 Bestandteile einer Prüfung

6.3   Ziel der Prüfung

Eine Prüfung verursacht Aufwand. Alle Punkte aus der Abbildung müssen festgelegt und die Prüfung natürlich auch durchgeführt werden. Weshalb dieser ganze Aufwand? Mit der Prüfung wollen Sie etwas nachweisen oder sich über etwas Klarheit verschaffen.

Typische Ziele von Prüfungen sind:

• Präventive Vermeidung von Mängeln
  Enthält der Prüfgegenstand alle benötigten Informationen? Ist es Ihnen wichtig, dass auf Basis dieses Prüfgegenstands weitergearbeitet werden kann? Wollen Sie Mängel „um jeden Preis" von vornherein unterbinden?
• Nachweis der Erfüllung von Anforderungen
  Sind Ihnen Randbedingungen vorgegeben? Müssen Sie nachweisen, dass der Prüfgegenstand konform zu Vorgaben ist?
• Sicherstellung der Prozessqualität
  Wollen Sie zeigen, dass das Erstellen des Prüfgegenstands auf eine geeignete Art und Weise stattfand? Müssen Sie nachweisen, dass der Prüfgegenstand konform zu Standards, Vorgehensmodellen oder Unternehmensrichtlinien erstellt wird/wurde?

- Konsens bezüglich der Anforderungen erreichen
Haben alle Stakeholder das gleiche Bild von den Anforderungen?
Stimmen die relevanten Stakeholder bezüglich der Anforderungen
überein?

6.4 Prüfgegenstand

Gegenstand einer Prüfung kann ein Prozess oder ein Produkt sein. Da
wir in diesem Kapitel bereits Prozesse ausgeschlossen haben, bleiben
noch die Ergebnisse der Systemanalyse (vgl. Kapitel „Systemanalyse im
Überblick").

6.5 Vorgaben für den Prüfgegenstand

Von jedem Prüfgegenstand wird erwartet, dass er gewisse Kriterien erfüllt. Diese Kriterien können inhaltlicher oder formaler Art sein.

Prüfkriterium Inhalt

Die wichtigsten inhaltlichen Kriterien im Überblick:

- Korrektheit:
Gerade in großen Projekten arbeiten viele Personen an der Dokumentation von Wissen. Einige haben vielleicht noch nicht den fachlichen
Hintergrund oder kennen nur einen kleinen Ausschnitt des Gesamt-
problems, andere dokumentieren eher ein bereits bestehendes als das
neu zu entwickelnde System. Da dieses dokumentierte Wissen wei-
tergegeben und verarbeitet wird, ist es wichtig, dass alle Aussagen im
Prüfgegenstand fachlich richtig sind.
- Notwendigkeit (für das Projekt):
Oft entdecken wir in Spezifikationen eine geforderte Funktionalität,
die zwar sinnvoll ist, aber nicht Gegenstand des Projekts. Jedes Projekt hat begrenzende Faktoren wie Kosten und Zeit und sollte sich
deswegen auf seine Aufgabenstellung konzentrieren.

- Vollständigkeit:
  Die Stakeholder bringen ihre Wünsche in das Projekt ein. Diese –
  nicht nur fachlichen – Wünsche sollten sich in den Prüfgegenständen
  wiederfinden, und es sollten keine Wünsche der Stakeholder fehlen.
- Konsistenz:
  Alle Bestandteile des Prüfgegenstandes müssen eindeutig und sowohl
  zueinander als auch zu anderen Dokumenten widerspruchsfrei und
  konsistent sein, damit Designer und Entwickler das System so um-
  setzen können, wie es von den Stakeholdern gewünscht wird.
- Verfolgbarkeit:
  Gerade bei Systemen oder Teilen des Systems, die sicherheitskri-
  tisch oder sehr komplex sind, ist es notwendig, dass Informationen
  nicht nur in einer Repräsentation vorliegen und damit auch die Zusammenhänge zwischen Informationen kenntlich machen. Abläufe in
  Anforderungen werden häufig in Diagrammen dargestellt. Dabei wird
  festgehalten, welche Anforderungen zu welchen Diagramme oder Be-
  standteilen in Diagrammen gehören.
- Überprüfbarkeit:
  Wir finden in Spezifikationen immer noch Anforderungen wie „das
  System soll schnell und leicht zu bedienen sein". Diese Aussage ist
  vielleicht in der Anfangsphase eines Projektes akzeptabel. Falls sie
  aber in einem Dokument steht, das zu einer Abnahme herangezogen
  wird, dann sollten alle relevanten Forderungen auch testbar sein.

Prüfkriterium Dokumentation

- Verständlichkeit:
  Ein Prüfgegenstand wird meist ein Dokument sein, das weiter verwendet wird. Alle Personen, die ihn verwenden, sollten diesen auch
  verstehen können. Sie müssen nicht erreichen, dass jeder alles versteht, z. B. muss das Schulungspersonal nicht den Code verstehen,
  aber die Entwickler müssen die Anforderungen verstehen.
- Eindeutigkeit
  Gerade natürlichsprachliche Beschreibungen lassen sich leicht anders
  interpretieren als der Autor es in dem Sinn hatte. Daher muss besonders darauf geachtet werden, dass die Beschreibungen möglichst
  exakt sind um eventuellen Fehlinterpretationen vorzubeugen.

- Konformität zur Dokumentationsform
Bezüglich der Dokumentationsform (natürlichsprachlich oder mit Diagrammen) sollte es eine Absprache geben, damit nicht jeder Autor auf eigene Faust eine Dokumentationsform wählt. Dies ermöglicht eine bessere Vergleichbarkeit der Dokumentationen und vermeidet, dass Leser unverständliche Beschreibungen erhalten.
- Konformität zur Dokumentationsstruktur
Das Anforderungsdokument muss einer Standardgliederung gerecht werden. Dabei müssen die Inhalte in den dafür vorgesehenen Kapiteln zu finden sein und alle definierten Kapitel entsprechend gefüllt sein.
- Konformität zu Dokumentationsregeln
Ein Anforderungsdokument muss geltende Dokumentationsregeln erfüllen. Das betrifft einerseits die Rechtschreib- und Grammatikregeln natürlichsprachlicher Anforderungen und andererseits Regeln von Notationssprachen modellbasierter Dokumentationen.

Methodische Vorgaben

Um sicherzustellen, dass diese Kriterien erfüllt werden, können Sie die Verwendung gewisser Methoden fordern. Wenn Sie keine spezielle Methode fordern, dann überlassen Sie es dem Ersteller des Prüfgegenstandes, geeignet dafür zu sorgen, dass die Kriterien eingehalten werden.

Die wichtigsten zu verwendenden Methoden zur Erreichung von Kriterien oder zum Nachweis für deren Erfüllung im Überblick:

- Methode NSM:
Die natürlichsprachliche ist eine Möglichkeit, Text auf sprachliche Defekte zu untersuchen und diese zu beheben oder gar nicht erst entstehen zu lassen. Eine ausführliche Anleitung zu dieser Methode finden Sie in [REM09].
- Methode Modellierung:
Bei der Modellierung werden Sachverhalte von einer Darstellungsform in eine andere, meist grafische Darstellung transferiert. Hierzu zählen alle Arten von Modellen wie OO-Modelle, ER-Modelle, Datenflussmodelle, ...

- Methode Testfälle:
  Bei der Erstellung von Testfällen werden Anforderungen in einer
  Form dargestellt, die zum Testen verwendet werden kann.
- Methode Simulationsmodelle, Prototypen:
  Durch die Verwendung von Simulationsmodellen oder Prototypen
  kann man die zukünftige Interaktion, das Aussehen oder das Verhal-
  ten beispielhaft darstellen.
- Methode Traceability:
  Hier werden verschiedene Informationen miteinander verknüpft. Dies
  kann auf unterschiedlichste Arten passieren. In der Praxis gängig sind
  Hyperlinks, Matrizen oder textuelle Referenzen.
- Methode Vererbung der Kritikalität:
  Die verschiedenen Ergebnistypen der Systementwicklung bauen auf-
  einander auf und werden schrittweise immer weiter verfeinert. Auf
  diese Informationsflüsse oder -abhängigkeiten setzt die Methode der
  Vererbung von Kritikalitäten auf und gibt Regeln vor, denen die Ver-
  gabe von Kritikalitäten der verfeinerten Informationen genügen muss.
- Methode Bestätigen:
  Die Methode Bestätigen rundet die hier vorgestellten Methoden ab.
  Sie dokumentiert die Richtigkeit mittels Unterschrift als Bestätigung
  des Unterzeichners und ist damit auch eine Übernahme von Verantwortung.

Bei manchen der Methoden werden Ergebnisse erstellt, die ihrerseits
wiederum Prüfungen unterzogen werden können. Um beispielsweise
Anforderungen testbar zu machen, können Sie die Methode Testfälle verwenden. Durch diese Methode machen Sie die Anforderungen nicht nur
testbar, Sie erstellen auch einen neuen Ergebnistyp: die Testfälle.

Eine Gegenüberstellung, welche Methode für welches Kriterium geeignet ist, haben wir in Tab. 6.1 dargestellt.

Weitere und formale Kriterien

Mit weiteren und formalen Kriterien fassen wir alle Forderungen zusam-
men, die entweder aus dem Unternehmen kommen oder lediglich das
Vorhandensein einer gewissen Eigenschaft oder Kennzeichnung fordern.
Hierzu zählen einerseits Punkte wie die Verwendung gewisser Vorlagen,

Tab. 6.1 Eignung der Prüfmethoden

	NSM	Model-lierung	Test-fälle	Simulations-modelle/Prototypen	Trace-ability	Vererbung der Kriti-kalitäten	Bestä-tigen
Fachliche Richtigkeit		+		++			++
Notwendigkeit							
Verständlichkeit	+	+		++			
Vollständigkeit	++	++	+	+			+
Konsistenz	++	++					
Verfolgbarkeit					++		
Überprüfbarkeit	+		++				

Versionsnummern, Änderungsverzeichnissen, … Andererseits wird in Projekten häufig gefordert, dass ganze oder Teile von Ergebnistypen gewissen Kategorien zugeordnet werden.

Typische Kandidaten sind Kategorien wie Priorität, juristische Verbindlichkeit oder die Art einer Anforderung.

6.6 Prüfmethoden

Nachdem Sie die Vorgaben an den Prüfgegenstand festgelegt haben und falls Sie ihn prüfen wollen, müssen Sie sich jetzt entscheiden, wie Sie die Prüfung durchführen. Dazu wählen Sie passende Prüfmethoden aus (nicht zu verwechseln mit der Methode zur Erreichung der Kriterien).

Die zwei am stärksten verbreiteten Prüfmethoden, abhängig vom Prüfgegenstand, sind Audit und Review. Wollen Sie einen Prozess prüfen, dann verwenden Sie ein Audit; wollen Sie ein Produkt prüfen, dann verwenden Sie ein Review. (Natürlich gibt es auch hier Ausnahmen. Das V-Modell kennt z. B. auch prozessbezogene Reviews. Falls Sie die genauen Unterschiede interessieren, dann können Sie in der Methodenzuordnung des V-Modells mehr zu den Methoden erfahren). Unter dem Begriff *Review* werden mehrere Techniken zusammengefasst, die in Tab. 6.2 beschrieben sind.

Tab. 6.2 Prüftechniken

Stellungnahme	Walkthrough	Inspektion
Produktbezogen	Produktbezogen	Produktbezogen
Autor nicht beteiligt	Autor beantwortet Fragen	Autor stellt Prüfgegenstand vor und beantwortet Fragen
Inhalte des Prüfgegenstandes werden nicht vorgetragen	Inhalte des Prüfgegenstandes werden Zeile für Zeile vorgetragen	Inhalte des Prüfgegenstandes werden Zeile für Zeile vorgetragen
Geringer Aufwand in der Vorbereitungsphase	Mittlerer Aufwand in der Vorbereitungsphase	Hoher Aufwand in der Vorbereitungsphase

Weiterhin können auch die Methoden, die für die Erstellung gefordert wurden, hier als Prüfmethoden eingesetzt werden.

6.7 Metriken zur Qualitätsmessung

Eine sehr effiziente und schnelle Technik zur Beurteilung Ihrer Anforderungsqualität ist die Erhebung von sogenannten Metriken (synonyme Bezeichnung für Messwerte). Durch die Berechnung von Metriken können Sie bestimmte Qualitätskriterien des Prüfgegenstandes als Zahlenwert abbilden und eine genaue Aussage darüber treffen, zu welchem Grad Ihre Anforderungsspezifikation ein bestimmtes Qualitätskriterium erfüllt.

Einsatzbereiche

Der Einsatz von Metriken bietet Ihnen zwei grundlegende Vorteile. Einerseits können Sie das durch die Qualität der Spezifikation verursachte Risiko für den weiteren Projektverlauf durch eine objektive, absolute Beurteilung bewertbar machen. Sie können somit Schwachstellen in der Spezifikation aufdecken, um sie dann anschließend in einer zusätzlichen Iterationsschleife gezielt eliminieren zu können. Andererseits bietet Ihnen der langfristige Einsatz von Metriken die Chance, vergleichende

Beurteilungen innerhalb einer oder zwischen mehreren Spezifikationen durchführen zu können.

So können Sie beispielsweise über Zeitreihen den Projektverlauf eines einzelnen Projektes überprüfen und Aussagen darüber treffen, ob sich die Qualität generell verbessert hat. Oder Sie können die Wirksamkeit qualitätsverbessernder Maßnahmen beispielsweise bei einer Methodeneinführung oder Methodenverbesserung systematisch überwachen, beurteilen und steuern (vgl. Kapitel „Systemanalyse erfolgreich organisieren").

Voraussetzungen

Um Metriken sinnvoll einsetzen zu können, müssen Sie sich grundsätzlich über die damit verfolgte Intention klar sein. Die Begründung dafür liegt auf der Hand, denn zu fast jedem am Anfang des Kapitels genannten inhaltlichen Qualitätskriterium können Sie mehrere Metriken definieren und ermitteln. Um den Aufwand für die Ermittlung der Metriken in einem vertretbaren Rahmen zu halten, sollten Sie nur solche Metriken auswählen, die im Hinblick auf Ihre Zielsetzung die größte Aussagekraft haben. Die für die gegebenen Randbedingungen geltenden Einschränkungen bestimmen zugleich die für Sie geeigneten Sollwerte. Streben Sie nicht nach dem theoretisch möglichen Idealzustand, sondern ermitteln Sie realistisch erreichbare Sollwerte für die Qualität Ihrer Spezifikation und berücksichtigen Sie diese bei der Interpretation der Ergebnisse.

Ferner sollten Sie sicherstellen, dass die gewählten Metriken in Verbindung mit den im Projekt verwendeten Spezifikationen die gewünschten Ergebnisse liefern. Gibt es beispielsweise Regeln für die Formulierung von Anforderungen (während rein ergänzende Erläuterungen frei formuliert werden dürfen) muss sichergestellt sein, dass die ausgewählten Metriken nur nach einer geeigneten Filterung aller Erläuterungen aus dem Anforderungsdokument Anwendung finden. Berechnen Sie dagegen die Metriken für den kompletten Text, verfälschen Sie die Aussagekraft der Metriken immens. Legen Sie zuletzt auch den Umfang der Prüfung fest. Nicht selten ist bereits eine stichprobenartige Vermessung einer Spezifikation ausreichend für Ihre Zielsetzung.

Die von Ihnen ausgewählten Metriken bestimmen unmittelbar Ihr weiteres Vorgehen. Einige Metriken lassen sich automatisiert, das heißt mit einem geeigneten Softwaretool, ermitteln. Andere Metriken lassen sich dagegen nur manuell durch einen ausgebildeten Analytiker erheben. In diese Kategorie werden insbesondere solche Metriken eingeordnet, die auf die Messung semantischer Mängel in den Anforderungen oder auf die Untersuchung von Lücken in logischen Zusammenhängen ausgerichtet sind. Die Erhebung kann dabei im Zuge der Prüfung der Anforderungen, z. B. innerhalb eines Reviews, erfolgen.

Die Metriken im Überblick

Grundsätzlich lassen sich Metriken in verschiedene Gruppen untergliedern. Zwei wesentliche Klassifizierungen bilden:

- Textbasierte Metriken
  Die Vertreter textbasierter Metriken bewerten die sprachliche Formulierung einer Anforderung. Dieser Gruppe gehören unter anderem die „Eindeutigkeit", „Klassifizierbarkeit" und „Lesbarkeit" an.
- Strukturbasierte Metriken
  Die Vertreter strukturbasierter oder strukturbewertender Metriken beschäftigen sich in erster Linie mit der Struktur von Anforderungen innerhalb einer Spezifikation und der Dokumentation von Beziehungen zwischen den darin enthaltenen Anforderungen. Dazu zählen unter anderem die „Identifizierbarkeit" und die „Sortierbarkeit".

Zur Beurteilung der Qualitätsmetriken (in Tab. 6.3 sind drei von ihnen beschrieben) ermitteln Sie die durchschnittliche Anzahl der Anforderungen, die das der Metrik zugrunde liegende Qualitätskriterium erfüllen. Setzen Sie diese anschließend in Relation zur Gesamtzahl der untersuchten Anforderungen. Daraus resultiert ein Wert, der sich auf einer Werteskala zwischen 0 und 1 befindet. Der Wert 1 spiegelt den Idealwert wider und gibt an, dass die Spezifikation im Hinblick auf das untersuchte Qualitätskriterium keinen Mangel aufweist. Alle Werte unter 1 stellen Indikatoren für bestehende Mängel dar.

Die in Abb. 6.2 vorgestellten Metriken stellen nur eine exemplarische Auswahl einiger wesentlicher Metriken dar. Weitere Metriken finden Sie in [Art.Metriken06] oder im Downloadbereich auf unserer Website unter www.sophist.de.

Tab. 6.3 Metriken

Eindeutigkeit	Klassifizierbarkeit	Identifizierbarkeit
Textbasierte Metrik	Textbasierte Metrik	Strukturbasierte Metrik
Prüft den Grad der ungewollten Interpretierbarkeit	Prüft den Grad der Eignung als Vertragsbestandteil	Prüft den Grad der Nachvollziehbarkeit/-Verfolgbarkeit
Untersucht werden sprachliche Effekte	Untersucht wird die Verwendung von Schlüsselworten zur rechtlichen Verbindlichkeit	Untersucht wird die Verwendung von eindeutigen Identifikatoren
Aussage: Risiko einer ungewollten Umsetzung der eigentlichen Intention	Aussage: Risiko nicht einklagbarer Spezifikationsbestandteile	Aussage: Aufwand zur Identifizierung der von Änderungen betroffenen Stellen

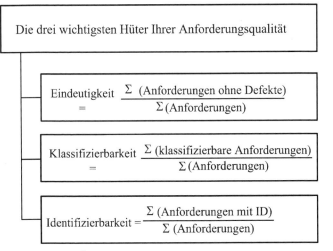

Abb. 6.2   Metriken im Überblick

Auswertung der Ergebnisse

Damit Sie die Ergebnisse Ihrer Metrikerhebung auch bei nachfolgenden Aktivitäten berücksichtigen können, sollten Sie diese in geeigneter Form interpretieren und aufbereiten. Stellen Sie die ermittelten Werte den festgelegten Sollwerten gegenüber. Hierzu eignet sich neben einer tabellarischen Darstellung auch die grafische Aufbereitung der Werte wie beispielsweise die Überführung in ein Spinnennetzdiagramm.

6.8 Vorgaben für die Prüfung

Bis jetzt haben Sie festgelegt, was Sie prüfen wollen, welche Kriterien erfüllt sein müssen und mit welcher Methode Sie prüfen wollen. Jetzt haben Sie nur noch das Problem, dass Sie nicht ewig Zeit haben und der Aufwand zu hoch wäre, wirklich alles zu prüfen. Das heißt, Sie müssen den Umfang so reduzieren, dass Sie einerseits in endlicher Zeit mit Ihren Prüfungen fertig werden, andererseits zu einem sinnvollen Ergebnis kommen, also das Ziel Ihrer Prüfung erfüllen. Um dies zu erreichen, schränken Sie den Umfang Ihrer Prüfung ein.

Das heißt, Sie prüfen nicht alles vollständig, sondern nur eine Teilmenge. Wenn Sie z. B. prüfen wollen, ob der Code Ihres Systems einem Code Style Guide entspricht, müssen Sie nicht alles prüfen, sondern betrachten nur z. B. fünf Klassenmethoden jedes beteiligten Erstellers, also Entwicklers.

Neben dem Vorgehen, einen Teil jedes Erstellers zu prüfen, ist die Kritikalität der wichtigste Steuerparameter für den Prüfumfang.

Wie Sie bemerkt haben, werden die Methoden zur Erreichung der Kriterien auch zur Überprüfung herangezogen. Dies bietet Ihnen eine andere Möglichkeit, den Prüfumfang weiter zu reduzieren. Falls Sie z. B. gefordert haben, dass die Methode Testfälle verwendet wird, um das Kriterium Testbarkeit zu erreichen, dann müssen Sie ja nicht noch einmal Testfälle erstellen, um Anforderungen auf Testbarkeit zu untersuchen. Hier reicht es, wenn Sie sich versichern, dass die Testfälle vorhanden sind, und wenn Sie anhand der Testfälle prüfen, dass die Methode Testfälle richtig durchgeführt wurde. Bei einigen Kriterien wie z. B. fachliche Richtigkeit und Auftrag des Projektes/Notwendigkeit stellen die Krite-

Tab. 6.4 Eignung der Prüfer für bestimmte Prüfkriterien

	Korrekt-heit	Notwen-digkeit	Vollstän-digkeit	Konsis-tenz	Nachvoll-ziehbarkeit	Überprüf-barkeit
Anwender	+		++			
Fachlich Ver-antwortlicher	++	+				
Analytiker			++	++	++	+
Projektleiter		++				
Tester						++
Projektexterne QS			++	+	+	+

rien an sich ein Hinterfragen oder eine Prüfung dar und müssen daher nicht doppelt angewendet werden.

Prinzipiell sind all jene Kriterien, die mit Methoden erreicht werden, die ihrerseits Ergebnisse produzieren, Kandidaten für die hier vorgestellte Aufwandseinsparung.

6.9 Prüfer

Was jetzt noch fehlt, ist jemand, der die Prüfung durchführt. Meist wird hier eine Person verpflichtet, die nicht der Ersteller des Prüfgegenstandes ist. Neben dieser Unabhängigkeit sollten Sie auch darauf achten, dass der Prüfer wirklich in der Lage ist, die Kriterien zu prüfen. Gerade die inhaltlichen Kriterien, wie z. B. fachliche Richtigkeit, lassen sich nur sehr schwer von Mitarbeitern einer externen QS-Abteilung prüfen. Welche Rolle für welches Prüfkriterium geeignet ist, ist in Tab. 6.4 dargestellt.

6.10 Ergebnis

Jede Aktivität in einem Projekt sollte zu einem definierten Ergebnis führen. So auch das Prüfen. Bei einer Prüfung ohne Mängel wird sich meist der Status des Prüfgegenstandes verändern, bei Mängeln wird der

Prüfgegenstand nachgebessert. Hierfür ist es erforderlich, dass bei der Prüfung ein Protokoll angefertigt wird. Dieses kann eine Mängelliste sein, den Erreichungsgrad gewisser Kriterien oder auch die bestandene Prüfung dokumentieren.

Sorgen Sie in jedem Fall dafür, dass der Ersteller des Prüfgegenstands über den Ausgang der Prüfung informiert wird. Dieses Feedback sichert oder verbessert die Qualität Ihrer Prozesse im Projekt.

6.11   Planung der Prüfung

Da Prüfungen auch Aktivitäten sind, wollen diese geplant werden. Hierfür hat sich eine tabellarische Aufstellung mit den folgenden Angaben bewährt:

- Prüfgegenstand,
- Informationen zur Prüfung (Verweis auf Prüfkriterien, -methoden, ...),
- Datum der Prüfung,
- Prüfer,
- Ergebnis der Prüfung.

Die Aufwände für Prüfungen schwanken oft sehr stark und passen auch von ihrer Granularität nur selten zu den anderen Aktivitäten eines Projektplans. Häufig kommt es auch zu vielen Schleifen, da Prüfungen wiederholt werden müssen.

Da ein guter Projektplan sich eher selten ändert und auch in der Verantwortung des Projektleiters liegt, empfehlen wir Ihnen, einen eigenen sogenannten Prüfplan zu erstellen.

6.12   Ausblick

Wenn Sie sich jetzt fragen, wie Sie diese Informationen dokumentieren können, dann empfiehlt sich an dieser Stelle ein Blick in das V-Modell [VMXT04]. Dort finden Sie im Sub-Modell Qualitätssicherung einige Produktmuster, die sich hierfür eignen.

Dieses Kapitel betrachtet dokumentiertes Wissen und stellt damit einen Leitfaden für Produktprüfungen dar. Wenn Sie neben den Produkten auch die Prozesse betrachten wollen, haben sich die Punkte im Kapitel ebenfalls bewährt.

Prinzipiell gilt: Überlegen Sie sich vorher, was Sie erwarten und was Ihnen wichtig ist. Vertrauen Sie Ihren Mitarbeitern und greifen Sie erst mit Vorgaben ein, wenn Sie der Meinung sind, dass es ohne solche Vorgaben nicht mehr geht.

Systemanalyse erfolgreich organisieren 7

Die im Rahmen der Systemanalyse erstellten Produkte bilden das Fundament Ihres zukünftigen Systems. Sie haben im Verlaufe dieses Buches bereits die hierzu erforderlichen Analyseprozesse kennengelernt und wissen nun, wie Sie sich aus der schier unendlichen Auswahl an möglichen Methoden die für Ihr Projekt richtigen auswählen und anwenden können. Es bleibt allerdings noch die Frage offen, wie Sie die Einführung eines gegebenenfalls neuen methodischen Ansatzes oder neuer Werkzeuge organisieren können.

Sicherlich ist Ihnen auch die Situation nicht fremd, dass Systementwicklungsprojekte in der Mehrzahl der Fälle zwischen mehreren Kooperationspartnern durchgeführt werden. In einem solchen Fall bestimmt das Vertragsmodell die Organisation der Zusammenarbeit. Ihre aus der Systemanalyse resultierenden Anforderungen stellen dabei einen wichtigen Vertragsbestandteil dar. Sie bestimmen die Pflichten des Auftragnehmers im Hinblick auf die zu erbringende fachliche Leistung.

Wissen Sie, welche Maßnahmen Sie ergreifen müssen, um in Ihrem Projekt oder gar in der gesamten Organisation eine professionelle Systemanalyse einzuführen? Können Sie mit Widerständen bei der Einführung umgehen? Kennen Sie Ihren Vertragspartner, und wissen Sie, welcher Vertragsrahmen Ihnen hilft, mit den eigenen Stärken und Schwächen sowie denen Ihres Vertragspartners umzugehen? Wenn nicht, kann Ihnen dieses Kapitel bei der Vorbereitung, Ausarbeitung und Planung Ihres organisatorischen und vertraglichen Rahmens eine gute Hilfestellung geben.

SOPHIST GmbH, C. Rupp, *Systemanalyse kompakt*, IT kompakt,
DOI 10.1007/978-3-642-35446-5_7, © Springer-Verlag Berlin Heidelberg 2013

7.1 Strategien zur Einführung einer professionellen Systemanalyse

Konzentrieren wir uns zunächst auf die Frage, wie Sie neue Methoden und Werkzeuge geschickt in einem Team etablieren können. Hierzu werden folgende Themen bearbeitet:

- das Vorgehen bei der Einführung,
- die Einführung mittels Pilotprojekt,
- die Einführung in Form des Deltaansatzes,
- die Dokumentation in Form eines Leitfadens,
- der Umgang mit Widerstand bei der Einführung von Neuerungen.

Einführung ist ein Projekt

Die einfachste Art, neue Prozesse, Vorgehensweisen und Methoden in Ihr Projekt einzuführen, ist, eine Mail an alle Projektbeteiligten zu schicken, in der Sie schreiben, dass ab sofort auf die neue Art und Weise gearbeitet wird. Das ist kurz und schmerzlos, wird aber mit ziemlicher Sicherheit nicht zum Erfolg führen.

Vielmehr muss die Einführung wie ein Projekt durchgezogen werden und auch behandelt werden. Wie jedes Projekt benötigt die Einführung

- klare Ziele und Anforderungen,
- einen Projektplan,
- ein Projektteam.

Sorgen Sie dafür, dass nicht von heute auf morgen eine totale Umkrempelung vollzogen wird. Gehen Sie schrittweise vor und prüfen Sie regelmäßig, wie erfolgreich die bisherigen Schritte waren. Durch die regelmäßigen Prüfungen erlaubt dieses Vorgehen, während der Einführung die Neuerungen anzupassen und sie somit perfekt auf Ihr Projekt einzustellen.

Vorbereiten der Einführung

Als Vorbereitung für eine Einführung gibt es viel zu erledigen. Welche Punkte beachtet werden müssen, haben wir hier im Einzelnen aufgelistet:

- *Ziele müssen gefunden werden.*
  Legen Sie die Ziele der Einführung fest und definieren Sie genau, was Sie wann erreicht haben wollen. Wichtig bei den Zielen ist es, dass diese auch messbar sind. Sonst kann nie eine Aussage darüber getroffen werde, ob die gesetzten Ziele überhaupt erreicht wurden.
- *Kleine Schritte für die Einführung wählen.*
  Erwarten Sie für den Anfang nicht zu viel. Planen Sie die Einführung so, dass die gesetzten Ziele Schritt für Schritt erreicht werden. Seien Sie darauf vorbereitet, dass die einzuführenden Methodiken im Rahmen der Einführung noch angepasst werden müssen.
- *Metriken festlegen.*
  Legen Sie fest, wie der Fortschritt der Einführung gemessen werden soll. Hierbei sind Metriken sehr hilfreich. Überdenken Sie aber genau, was mit den Metriken gemessen werden soll und ob diese die Informationen auch wiedergeben.
- *Mitarbeiter auswählen.*
  Stellen Sie ein kleines (maximal fünf Mitarbeiter) Kernteam zusammen. Dieses wird in alle Entscheidungen mit einbezogen und gibt Wissen und Informationen an die anderen Beteiligten weiter. Beachten Sie, dass die Mitarbeiter des Kernteams sehr viel Zeit in dieses Projekt investieren müssen und daher nicht durch andere Aufgaben oder andere Projekte von ihrer Arbeit abgehalten werden sollten.
- *Betroffene beteiligen.*
  Sorgen Sie dafür, dass alle Projektbetroffenen frühzeitig mit den nötigen Informationen versorgt werden. Fordern Sie auch Feedback und Informationen von den Betroffenen. Denn nur so beteiligen Sie alle an dem Projekt, grenzen niemanden aus und machen die Betroffenen zu Beteiligten.
- *Methode wählen.*
  Wählen Sie die Methode, die Sie in Ihrem Projekt einsetzen möchten. Denken Sie daran, dass die Mitarbeiter von der neuen Methode überzeugt werden müssen, und bereiten Sie sich dementsprechend darauf

vor. Setzen Sie nicht zu viele Regeln für die neue Methode fest, sondern lassen den Mitarbeitern lieber ein paar Freiheiten, um sie bei der Arbeit nicht unnötig zu behindern.

* *Werkzeuge wählen.*
  Wählen Sie die Werkzeuge, die in dem Projekt zur Anwendung kommen sollen. Stellen Sie sicher, dass das Team mit diesen Werkzeugen arbeiten kann oder ob im Vorfeld Schulungen an diesem Tool durchgeführt werden müssen.

Umsetzung

Wurden alle Punkte der Vorbereitung beachtet, dann ist bereits viel Arbeit geschafft. Für die Umsetzung selbst gibt es noch zwei Faktoren, die besonders wichtig sind:

* *Erkenntnisse aufzeichnen.*
  Zeichnen Sie den Projektverlauf auf, um Schwierigkeiten sofort zu erkennen und das Projekt nicht unbemerkt in die falsche Richtung laufen zu lassen.
* *Verfahren justieren.*
  Im Verlauf des Projekts werden sich immer mehr Best Practices herauskristallisieren. Diese lassen sich sehr gut erkennen, wenn zum Projektverlauf regelmäßig Aufzeichnungen gemacht werden. Nehmen Sie diese auf und passen Sie die Vorgehensweise entsprechend der Best Practices an. Sorgen Sie auch im Team dafür, dass die Themen Veränderung und Verbesserung immer gegenwärtig sind.

Pilotprojekte

Neue Methoden und Werkzeuge können Sie am besten in einem Pilotprojekt testen. Pilotprojekte sind Projekte aus dem alltäglichen Geschäft. Inhaltlich sollte es auf keinen Fall etwas völlig Fremdes sein, also keine erdachten Beispielprojekte, denn bei diesen besteht die große Gefahr, dass Sie die Wirksamkeit der neuen Methoden und Werkzeuge für Ihr Alltagsgeschäft nicht sichtbar wird.

Wann sollten Sie ein Pilotprojekt durchführen ... und wann nicht?	
Sinnvoll, wenn ...	**Nicht sinnvoll, wenn ...**
... bekanntes Thema ... erfahrener Projektleiter ... innovationsfreudiges Team ... realistische Rahmenbedingungen (Zeit-/Kostenplan) ... iteratives Vorgehen im Projekt	... ungeeignete Projektgröße (zu große/zu kleine Projekte) ... methodenfeindliches und ungeeignetes Team ... Projekte mit hoher Kritikalität ... hoher Druck von außen

Abb. 7.1 Pilotenprojekt Empfehlungen

Pilotprojekte sollten vor allem dann eingesetzt werden, wenn in kurzer Zeit sehr viele Neuerungen eingeführt werden. Falls eine schrittweise Einführung neuer Methoden oder Werkzeuge geplant ist, wobei dies im Falle von Werkzeugen wohl eher selten zu bewerkstelligen ist, dann ist ein Pilotprojekt nicht unbedingt sinnvoll. Hierfür verweisen wir auf den Abschnitt Deltaanforderungen.

Nicht alle Projekte sind automatisch als Pilotprojekte geeignet. Welches Ihrer Projekte für ein Pilotprojekt passend ist, können Sie anhand verschiedener Faktoren feststellen (vgl. hierzu auch Abb. 7.1). Für Ihr Pilotprojekt müssen Sie dann ein Projekt finden, bei dem möglichst viele Punkte zutreffen, die dafür sprechen.

Zur Vorbereitung des Pilotprojekts gilt es, einige Punkte zu beachten. Diese möchten wir Ihnen im Folgenden kurz näher bringen.

Haben Sie die benötigten Mitarbeiter, oder müssen weitere herangezogen werden? Achten Sie dabei auch darauf, dass die Mitarbeiter in einem Pilotprojekt erfahrungsgemäß mehr Zeit investieren müssen und daher diese auch zur Verfügung haben sollten. Haben Sie ein großes Projektteam in ihrem Pilotprojekt, müssen Sie sich für ein Kernteam entscheiden, welches das Wissen jeweils in weitere Abteilungen verteilt. Versuchen Sie so weit wie möglich, die Mitarbeiter oder das Kernteam bereits in die Vorbereitungen des Pilotprojekts mit einzubeziehen.

Denken Sie auch daran, dass die Projektmitarbeiter für das Pilotprojekt möglicherweise im Vorfeld bereits einen gewissen Kenntnisstand haben müssen. Sehen Sie zu, dass das Projekt nicht gleich zu Beginn aus dem Zeitrahmen fällt, weil die Mitarbeiter erst einmal für längere Zeit wegen Fortbildungsmaßnahmen für Projektarbeit nicht zur Verfügung stehen.

Auch die Rahmenbedingungen müssen entsprechend angepasst werden. Denken Sie an passende Räumlichkeiten und entsprechende administrative Unterstützung. Besonders wenn neue Werkzeuge eingesetzt werden, ist es wichtig, dass die Zusammenarbeit mit der Administration reibungslos und ohne zeitliche Verzögerung abläuft.

Dokumentieren Sie das Vorgehen verständlich, damit es im Verlauf des Projekts nicht zu unnötigen Diskussionen bezüglich des Vorgehens kommt. Für die Dokumentation eignet sich ein im Vorfeld erstellter Leitfaden, den wir in dem Abschnitt Leitfaden weiter unten in diesem Kapitel beschrieben haben.

Der Deltaansatz zur Anforderungserweiterung

Wenn Sie ein bereits bestehendes System modifizieren möchten und die Zeit für eine umfassende Analyse nicht verfügbar ist, können Sie nicht unbedingt auf den in den vorhergehenden Kapiteln beschriebenen Lehrbuchansatz der Systemanalyse setzen. Vielmehr müssen Sie unter den in Systemerweiterungsprojekten vorherrschenden Rahmenbedingungen das erforderliche Wissen möglichst effizient erheben und adäquat dokumentieren.

Setzt man auf ein bestehendes System auf, das nur an einigen Stellen verändert oder erweitert werden soll, stößt man ziemlich schnell an Grenzen. Im Idealfall liegt dem Systemanalytiker eine relativ vollständige Dokumentation vor. Der Normalfall sieht in der Praxis dagegen weitaus komplexer aus. Bestehende Systeme zeichnen sich fast ausnahmslos durch fehlende, lückenhafte, oberflächliche oder hoffnungslos überholte Dokumentationen aus. Das Wissen über ein System ist häufig nur in den Köpfen der Entwickler vorhanden oder aber im Source-Code selbst.

Leider ist an dieser Projektrealität nichts zu drehen. Allerdings können wir den Umgang mit Anforderungserweiterungen durch ein strukturiertes Vorgehen erleichtern: das Einpflegen von neuen oder modifizierten Anforderungen in bestehende Dokumentationen in Form von Deltaanforderungen.

Doch was sind Deltaanforderungen? Das Delta dient in der Mathematik als Symbol für die Differenz. Im Kontext der Systemanalyse kommt dem Delta eine synonyme Bedeutung zu. Wir verstehen unter einer Deltaanforderung eine Anforderung, die es uns ermöglicht, die Lücke zwischen den Anforderungen ans Altsystem hin zum erweiterten System zu schließen, ohne dabei die Funktionalität des Altsystems in seiner Gesamtheit verstehen und erfassen zu müssen.

Zur Verdeutlichung des Deltaansatzes beschreiben wir Ihnen nachfolgend

- wie Sie bei der Integration funktionaler Deltaanforderungen vorgehen sollten,
- wie Sie mit strukturierten Fragmenten umgehen können,
- welche Richtlinien Sie beim Umstieg auf den Deltaansatz beachten sollten.

Vorgehen bei der Integration funktionaler Deltaanforderungen

Ziel der Systemanalyse sollte grundsätzlich die Erstellung einer leicht les- und änderbaren Anforderungsbeschreibung sein. Dieses Ziel impliziert eine strukturierte Organisation aller funktionalen Anforderungen, die in ihrer Idealform die Funktionalität des Systems hierarchisch abbildet. Im Rahmen einer hierarchischen Strukturierung kann man davon ausgehen, dass ein System immer aus einer Menge von Prozessen oder Anwendungsfällen (Use-Cases) besteht, die auf einer tiefer liegenden Ebene weiter verfeinert werden bis hin zu den feingranularen natürlichsprachlichen Anforderungen. Vergleichen Sie hierzu Abb. 7.2.

Der Grundgedanke bei einer funktionalen Systemerweiterung fokussiert daher folgendes Faktum: „Jede einzelne funktionale Anforderung kann einem Teilschritt eines Systemprozesses zugeordnet werden." Diesen Zusammenhang können wir uns bei der Spezifikation von Deltaanforderungen zunutze machen. Zunächst schafft man sich das Grundgerüst, indem die wichtigsten Use-Cases lokalisiert und die kor-

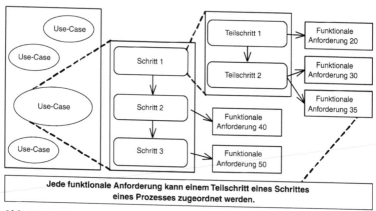

Abb. 7.2 Delta Ansatz

respondierenden Systemschritte bzw. Teilschritte daraus abgeleitet und bei Bedarf weiter verfeinert werden. Jede neue funktionale Anforderung (Deltaanforderung) lässt sich dann sauber einem Prozess, Schritt oder auch Teilschritt einer bestimmten Hierarchisierungsebene zuordnen.

Selbst wenn Sie vorläufig noch nicht auf eine konsequent strukturierte Anforderungsspezifikation zugreifen können, ist es dennoch möglich, sukzessive in Richtung der gewünschten Gesamtstruktur der Anforderungen hinzuarbeiten. Verwenden Sie hierfür Modellfragmente und ordnen Sie neue funktionale Anforderungen einem Fragment der endgültigen „idealen Struktur" zu. Spezifizieren Sie Ihre Modelle immer nur so weit, wie Sie die bisherigen Systemanforderungen verstehen müssen, um die neuen Anforderungen integrieren zu können.

Der funktionalen Hierarchiebildung muss nicht zwingend ein Use-Case zugrunde liegen. Es kann ebenfalls sein, dass die oberste Ebene ein Aktivitätsdiagramm darstellt oder dass anstatt eines Aktivitätsdiagramms ein Zustandsdiagramm Anwendung findet. Zur Vereinfachung gehen wir im Weiteren jedoch davon aus, dass der Use-Case die oberste Ebene des Anforderungsdokumentes darstellt.

Das Vorgehen zur Integration von Deltaanforderungen bedeutet für den Systemanalytiker, dass er zu Beginn feststellen muss, ob bereits ein Use-Case existiert, in den sich die neue Anforderung integrieren lässt. Ist dies der Fall, muss er die für die Erweiterung richtige Stelle in der Use-

Case-Beschreibung finden und die Ablaufbeschreibung um den neuen Schritt ergänzen bzw. einen bereits existierenden Schritt ändern.

Existiert noch kein Use-Case, in den sich die Deltaanforderung sinnvoll integrieren lässt, muss ein neuer Use-Case modelliert werden. Für die Einbindung des neuen Use-Cases in das gesamte Use-Case-Diagramm des Systems genügt es im Allgemeinen, den neuen Use Case mit den zugehörigen Akteuren darzustellen. Für die anschließend neu zu erstellende Use-Case-Beschreibung müssen Sie dann den neuen Arbeitsschritt spezifizieren. Dokumentieren Sie aber nicht nur die Neuerung oder Änderung, sondern gleichfalls Ihr bis dahin erlangtes Wissen über das bestehende System. Auch wenn dieses Wissen nicht direkt in die Weiterentwicklung einfließt, schaffen Sie somit die notwendige Grundlage für eine sukzessive Verbesserung Ihrer Altdokumentation.

Mit der Spezifikation und Einbindung von Deltaanforderungen sollte aus Gründen der Eindeutigkeit und Vollständigkeit die Überarbeitung bzw. Erweiterung des Begriffsmodells einhergehen. Sie werden schnell feststellen, dass im Zuge neuer Anforderungen auch neue fachliche Begriffe ins Spiel kommen, die definiert werden müssen. Aber auch „alte" Begriffsdefinitionen unterliegen Veränderungen. So kann es mitunter sein, dass neue Attribute einer Klasse hinzukommen oder bestehende Attribute sich verschieben. Ferner können Änderungen in neuen oder geänderten Beziehungen zwischen – hoffentlich im Klassendiagramm modellierten – Fachbegriffen resultieren.

Umgang mit strukturierten Fragmenten

Das beschriebene Vorgehen kann zur Folge haben, dass Sie zu Beginn mit einer Spezifikation arbeiten, in der es nur so von Fragmenten wimmelt. Durch fragmentarische Spezifikationsmodelle sollten Sie sich aber nicht verunsichern lassen. Sie sind allemal besser als ungeordnete „lose Blattsammlungen" mit einzelnen Anforderungen und führen Sie in die richtige Richtung der „idealen Struktur".

Die Erfahrung zeigt, dass der beschriebene Delta-Prozess nicht nur in einer erhöhten Lesbarkeit resultiert. Das, was Sie ohnehin neu spezifizieren müssen, werden Sie ab sofort an den Stellen finden, wo Sie es auch vermuten dürfen. Fragmentarische Modelle werden ferner auch über die

Anforderungen des nächsten Releases hinaus kontinuierlich vervollständigt. Systemanalytiker schätzen diese neue, leicht verständliche Struktur und nutzen jede Gelegenheit, jede kleinste Pause im Alltagsgeschäft dazu, die Struktur schrittweise zu vervollständigen. Das Übertragen von einmal verstandenem Wissen in die neue Struktur wird meist als weniger mühsam empfunden als das Suchen in alten Dokumenten, die sich auf kurz oder lang sowieso als endgültig unbeherrschbar herausstellen werden.

Richtlinien für den Umstieg auf den Deltaansatz

Jetzt stellt sich nur noch die Frage, wann oder unter welchen Bedingungen es sinnvoll ist, auf die neue Struktur umzusteigen und wann nicht. Die wichtigsten Faustregeln sind:

- Wenn die Änderungen weniger als 10 % des bestehenden Systems betreffen, sollten sie die existierende Dokumentation beibehalten. Hier lohnt sich der Umstieg kaum.
- Liegt die Änderungsrate zwischen 10–15 %, sollten Sie umsteigen. Nach unserer Erfahrung müssen Sie hierfür 25–30 % des Altsystems verstehen. Dokumentieren Sie dieses erhobene Wissen an den bestehenden Strukturen sofort und binden Sie die Neuerungen in die neue Struktur ein.
- Spätestens bei 70 % Änderung sollten Sie besser nach der klassischen Systemanalyse vorgehen und nicht krampfhaft versuchen, an der Dokumentation des Altsystems festzuhalten. Diese 70 % stellen jedoch nur einen Richtwert dar, der abhängig von der Verteilung der gewünschten Änderungen auf das System variieren kann. Insbesondere dann, wenn sich die Änderungen stark auf einzelne Bereiche des Systems konzentrieren sollten Sie bereits bei einem kleineren Änderungsanteil auf die herkömmlichen Methoden des RE zurückgreifen.

Leitfaden

Bei der Einführung neuer Methoden oder Werkzeuge entsteht eine riesige Menge an Informationen, Regeln und Arbeitsanweisungen. Damit die Neuerungen dem ganzen Team bekannt sind und dementsprechend gearbeitet werden kann, muss das Wissen innerhalb des Teams verbreitet werden.

Dabei reicht es nicht aus, das Wissen per Mundpropaganda weiterreichen zu lassen, da es unweigerlich zu Informationsverlust (vgl. sprachliche Defekte in Kap. 3) kommen wird. Vielmehr müssen diese Informationen in irgendeiner Form niedergeschrieben werden. Auch haben wir nicht immer die Möglichkeit, das komplette Team entsprechend der Neuerungen zu schulen, weil das Budget dafür zu klein ist oder Teammitglieder erst nach der Schulungsphase in das Team hineinkommen. Auch für diesen Fall ist eine Dokumentation des Wissens unerlässlich. Eine Form solch einer Dokumentation, die sich auch in der Praxis häufig bewährt hat, ist der Leitfaden.

Den Leitfaden befüllen

Sinnvolle Inhalte eines Leitfadens können sein:

- Methodik: Die Methodik beschreibt, wie ein Ziel erreicht werden soll.
- Artefakte: Welche Dokumente müssen erstellt werden. Hier sind nicht nur die Enddokumente wichtig, sondern auch die Zwischenergebnisse.
- Werkzeuge und Anwendungen: Welche Werkzeuge müssen verwendet werden, um die Ergebnisse zu erstellen? Wichtig ist es, hier auch projektspezifische Anpassungen (vgl. Kap. 5) zu beschreiben bzw. der Umgang, die Handhabung mit den Anpassungen.
- Notationen: Werden bestimmte Notationen (z. B. UML) verwendet? Welche Versionen dieser Notationen werden verwendet? Werden die Notationen erweitert oder eingeschränkt?

Wichtig ist es, den Schwerpunkt des Leitfadens auf die Praxis zu legen und sich nicht in theoretischen Ausschweifungen zu verlieren. Bieten Sie dem Leser Antworten auf die Frage, wie er etwas tun soll. Die Theorien hinter Methoden, Vorgehensmodellen etc. können auch in einschlägiger Fachliteratur nachgelesen werden. Auch eine schöne äußere Gestaltung des Leitfadens ist nicht zu verachten, damit dieser auch im Projektteam akzeptiert wird.

Den Leitfaden sinnvoll erstellen

Beim Verfassen des Leitfadens sollten Sie immer daran denken, dass die Vorkenntnisse und der Wissensstand der Leser mitunter sehr unterschiedlich sind. Der alte Hase wird nicht viel Spaß daran haben, allerlei Einsteigerwissen zu lesen, und anders herum ist ein Einsteiger mit Expertenwissen leicht überfordert. Hier hilft eine geeignete Strukturierung des Leitfadens mit verschiedenen Abschnitten für die unterschiedlichen Kenntnisstufen. So kann jeder das Studium des Leitfadens auf die Abschnitte beschränken, die für ihn interessant sind.

Beziehen Sie möglichst viele Stakeholder bei der Erstellung des Leitfadens mit ein. Holen Sie das Wissen bei den Stakeholdern ab, und sorgen Sie für Möglichkeiten, regelmäßig Feedback von den Stakeholdern zu bekommen. Nur wenn die Stakeholder bei der Entstehung des Leitfadens beteiligt werden, bekommen sie das Gefühl, dass ihre Ideen und Befürchtungen in den Leitfaden eingeflossen sind. Das stärkt in einem nicht zu verachtenden Maße die Akzeptanz des Leitfadens im Team.

Sobald der Leitfaden erstellt ist, muss dieser auch veröffentlicht werden und als verbindlich deklariert werden. Hier ist es wichtig, dass dies explizit bekannt gemacht wird und der Leitfaden für das ganze Team zugänglich abgelegt wird.

Einführung und Widerstand

Die Einführung neuer Vorgehensweisen bedeutet auch gleichzeitig Veränderungen. Veränderungen stoßen häufig auf Widerstand. Dieser Widerstand kann viele Ursachen haben. Die häufigsten Ursachen sind Angst vor neuen Aufgaben, die nicht bewältigt werden können, Eigeninteresse, wenn persönliche Bedürfnisse wie Macht und Status gefährdet sein könnten, oder Rache, falls die persönliche Beziehung zu der Person im Vorfeld bereits gestört ist. Was auch immer die Ursache des Widerstands ist, Sie müssen ihr entgegentreten und wenn möglich schon vorweg den Wind aus den Segeln nehmen.

Besonders wichtig ist dabei das Informieren der Betroffenen. Erklären Sie immer, warum es zu dieser Veränderung kommt und wieso diese nötig ist. Motivieren Sie die Mitarbeiter für die Neuerungen und vor allem dafür, diese Neuerungen mit zu tragen und weiterzubringen. Seien Sie offen für Kritik und Verbesserungsvorschläge, aber legen Sie für die Kommunikation Regeln fest. Lassen Sie Diskussionen nicht auf die persönliche Ebene abgleiten, da dies nicht der geeignete Ort dafür ist. Wichtig ist, ignorieren Sie den Widerstand nicht, denn so machen Sie Ihre Mitarbeiter sehr leicht zu Gegnern.

7.2 Vertragsmanagement

Systementwicklungsprojekte werden heutzutage zunehmend über mehrere Unternehmen verteilt durchgeführt. Beispielsweise wird ein Unternehmen mit der Systemanalyse und ein anderes mit der Implementierung beauftragt. Diese Unternehmen fungieren entweder in der Rolle des Auftraggebers oder des Auftragnehmers. Abhängig von der jeweiligen Rolle im Projekt verfolgen sowohl Auftraggeber als auch Auftragnehmer ihre eigenen, meist wirtschaftlichen Interessen. Um die Zusammenarbeit zwischen den verschiedenen Parteien zu regeln, brauchen wir Verträge, welche die gegenseitigen Rechte und Pflichten klären und gewährleisten, dass die Ziele definiert werden, die Rahmenbedingungen gesteckt werden und eine Zusammenarbeit ermöglicht wird. Da der Hauptbestandteil des Vertrages die Beschreibung der fachlichen Leistung darstellt, stellen Anforderungen einen wichtigen Vertragsbestandteil dar.

Interessenslage: Auftraggeber vs. Auftragnehmer

Lassen Sie uns die Variante, in der mehrere Unternehmen am Systementwicklungsprozess beteiligt sind, etwas näher durchleuchten. Die Phase des Vertragsabschlusses kommt in etwa einem Tauziehen gleich. Sowohl Auftraggeber als auch Auftragnehmer sind primär daran interessiert, den Vertrag so zu verhandeln, dass er bestmöglich zur eigenen Gewinnmaximierung beiträgt.

Die Interessen des Auftraggebers beim Vertragsabschluss sind primär motiviert durch die Angst einer Kostenexplosion. Er will möglichst früh wissen, was er für die gewünschte Funktionalität und Qualität bezahlen muss und gleichzeitig durch ein Festpreisprojekt das Entwicklungsrisiko an den Auftragnehmer delegieren. Demgegenüber liegt der Fokus des Auftragnehmers auf einer Vereinbarung, die es ihm ermöglicht, den Vertragsgegenstand gewinnbringend und mit minimalem Risiko erfüllen zu können. Als Basis für eine realistische Risiko- und Aufwandsabschätzung dient ihm unter anderem die Qualität der dokumentierten Anforderungen. Falls er das Projekt zum Festpreis anbieten muss, kann er basierend auf dieser Risikoeinschätzung das mit unklaren Anforderungen einhergehende Risiko durch einen entsprechenden Preisaufschlag einkalkulieren.

Vertragsmodelle

Bevor wir zu tief in den für ein Systementwicklungsprojekt relevanten Inhalt eines Vertrages einsteigen, folgt zunächst eine kleine Vertragskunde. Um die Zusammenarbeit mit Ihrem Partner vertraglich festzulegen, stehen Ihnen mehrere Vertragsmodelle, wie Werksvertrag, Dienstleistungsvertrag, aufwandsbasierter Vertrag, Festpreisvertrag oder verschiedenste Mischformen, zur Auswahl.

Für die schriftliche Fixierung Ihrer Ziele können Sie zwischen zwei Arten von Verträgen auswählen, dem Dienst- oder Werksvertrag. Wird ein Dienstvertrag nach § 611 BGB abgeschlossen, schuldet der Auftragnehmer „nur" das Ergebnis (also die Leistung), jedoch nicht den Erfolg. Wird dagegen ein Werksvertrag nach § 631 BGB abgeschlossen, verspricht der Auftragnehmer neben der Erbringung der Leistung auch den Erfolg der vereinbarten Leistung.

Unabhängig davon, ob Sie zu einem Dienst- oder Werksvertrag tendieren, sollten Sie sich über die Art der Leistungsverrechnung Gedanken machen. Sie können in Ihrem Vertrag entweder eine festpreisbasierte oder eine aufwandsbasierte Bezahlung festlegen. Im Rahmen eines festpreisbasierten Vertrages wird zwischen Auftragnehmer und Auftraggeber ein fixer Preis zu Beginn der Leistungserbringung vereinbart. Demgegenüber bezahlt der Auftraggeber bei der aufwandsbasierten Bezahlung die erbrachte und nachgewiesene Leistung entsprechend des verursachten Aufwandes.

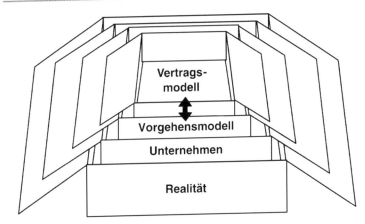

Abb. 7.3 Vertragsmodell

Zusammenhang zwischen Vertragsmodell und Vorgehensmodell

Ähnlich wichtig wie die Wahl eines Vertragsmodells ist die Festlegung eines adäquates Vorgehensmodells, das für das Projekt eingesetzt werden soll. Jedes Unternehmen hat sowohl in Bezug auf das Vertragsmodell als auch in Bezug auf das eingesetzte Vorgehensmodell seine Präferenzen. Beide Modelle haben einen entscheidenden, mitunter divergierenden Einfluss aufeinander.

Beispielsweise harmoniert ein sehr stark iterativ-inkrementell geprägtes Vorgehen nicht mit einem Festpreisvertrag, da die Kosten zur Umsetzung von Anforderungen, die erst kontinuierlich während des Projektverlaufs erhoben werden, nicht bereits im Vorfeld durch einen Festpreis kalkuliert werden können. Das Vorgehensmodell wiederum beeinflusst die Methoden, mit denen Sie im Projekt arbeiteten und somit auch die Notationsarten und die dafür verwendeten Tools.

Vor der Wahl des Vertragsmodells sollten Sie daher eine Vielzahl der korrespondierenden Steuerungsfaktoren ausreichend evaluieren. Wie in Abb. 7.3 zu sehen, gehört hierzu auch die Realität Ihres Unternehmens, da Sie mit Ihrem Projekt Teil eines Unternehmens und damit einer Unternehmensrealität sind. Schränken Sie Ihre Entscheidung für ein Vertragsmodell wenn möglich nicht bereits im Vorfeld durch ein spezifisches Vertragsmodell ein, nur weil es in Ihrem Unternehmen gängige Praxis darstellt. Idealerweise sollten Sie Ihre Entscheidung aus der Bewertung aller Einflussfaktoren insbesondere einer Untersuchung der für Ihr Projekt geeigneten Vorgehensmodelle ableiten.

Kooperationsregelung durch das RCDA-Verfahren

Der Weg zum perfekt zugeschnittenen Vertrag erweist sich häufig als sehr steinig. Auch wenn jedes Projekt eine unterschiedliche Charakteristik in Bezug auf Randbedingungen und Modelle aufweist, gibt es ein universell einsetzbares Prinzip, durch das die Kooperation zwischen den Vertragspartnern beschrieben werden kann. Wir nennen dieses Prinzip das RCDA-Verfahren, welches das Zusammenspiel von Require, Commit, Deliver und Accept regelt.

Grundsätzlich stellt der Auftraggeber ein Require (die Gesamtforderung) an den Auftragnehmer. Der Auftragnehmer reagiert mit einem Commit (eine Verpflichtung bzw. Zustimmung) und liefert nach einer festgelegten Zeit ein Deliver (die Lieferung). Ein Accept (Abnahme) vonseiten des Auftraggebers stellt die Erfüllung des Vertrages sicher. Der Prozess kann natürlich auch mit einem Reject (Ablehnung) des Auftraggebers enden. Im Rahmen einer iterativ-inkrementellen Vorgehensweise ist ferner das mehrfache Durchlaufen des Prozesses möglich und auch sinnvoll.

Wichtig beim RCDA-Prinzip ist die genaue Definition von Artefakten an der Schnittstelle zwischen den beiden Vertragspartnern. Für ein Artefakt sollten weiterhin mindestens dessen Inhalt, Qualität, Notationsart und das erforderliche Detaillierungsniveau definiert werden. Während das Vertragsmodell regelt, welche Artefakte ausgeliefert werden, bestimmt das gewählte Vorgehensmodell, wie diese Artefakte erstellt werden.

Umgang mit Anforderungsänderungen

Ein weiterer, nicht minder gewichtiger Aspekt ist die vertragliche Vereinbarung in Bezug auf den Umgang mit Änderungen. Änderungen im

Verlauf von IT-Projekten sind nicht nur unumgänglich, sondern stellen sich in jedem Projekt als allgegenwärtig dar. Vor diesem Hintergrund sollten Sie bereits im Vorfeld ausloten, wie hoch die Wahrscheinlichkeit ist, dass Änderungen in den Anforderungen in Ihrem Projekt auftreten und ob die damit einhergehenden Risiken durch Ihre vertraglichen Vereinbarungen abgedeckt sind.

Zusammenfassung des Vorgehens 8

Wie wir in den vorangegangenen Kapiteln herausgearbeitet haben, ist der Systemanalyse eine hohe Bedeutung beizumessen. Die Systemanalyse steht am Beginn der Entwicklung und legt von Grund auf wichtige Rahmenbedingungen fest, wodurch die Auswirkungen von in der Systemanalyse entstandenen Fehlern auf das Gesamtprojekt beträchtlich sind. Wichtige Eingangsinformationen des Projekts, wie beispielsweise die Systemidee und festgelegte Projektrahmenbedingungen, sollten Sie mit hoher Qualität erzeugen bzw. einfordern. Im Vordergrund stehen hierbei eine grobe Systembeschreibung inklusive der fachlichen Systemplatzierung, eine Beschreibung des Projekts eingedenk der projektübergreifenden Einbettung, konkrete Ressourcenaussagen und der meist als Erstes fixierte Fertigstellungstermin des Systems.

Sobald die Eingangsinformationen für die Systemanalyse verfügbar sind, sollten Sie die Systemanalyse so konkret wie möglich methodisch, zeitlich und personell planen. Entlang der in diesem Buch genannten Kriterientabellen wird dies für eine erste Annäherung leicht möglich sein. Betrachten Sie dabei die Systemanalyse nicht als eigenständige Phase, sondern als eine Tätigkeit, die stark mit orthogonalen Prozessen des Projekts zusammenhängt und extremen Einfluss auf weitere Tätigkeiten wie Design, Realisierung und Test hat. Falls nicht durch ein Vorgehensmodell bereits weitestgehend vorgegeben, entscheiden Sie während dieser Planung mindestens: Welche Arten von Anforderungen erhoben werden. Welche Dokumenttypen und Detailebenen von Anforderungen sinnvoll sind. Welcher Mix aus Ermittlungstechniken zweckmäßig ist. Wie viele

SOPHIST GmbH, C. Rupp, *Systemanalyse kompakt*, IT kompakt,
DOI 10.1007/978-3-642-35446-5_8, © Springer-Verlag Berlin Heidelberg 2013

Stakeholder über welche Kommunikationskanäle zur Verfügung stehen.
Welche Informationen wie verwaltet werden. Welche Dokumentationstechniken sich grundlegend anbieten und in welcher Art und Weise die
Produkte der Systemanalyse qualitätsgesichert werden können. Darüber
hinaus sollten Sie bereits jetzt bedenken, welche Produkte der Systemanalyse eventuell nach Projektabschluss wiederverwendet werden
können.

8.1 Ermittlungstechniken

Die Vielzahl der Ermittlungstechniken für Produkte der Systemanalyse
lassen sich grob in die Bereiche Kreativitätstechniken, Befragungstechniken, Beobachtungstechniken und dokumentenzentrierte Techniken
kategorisieren. Bei der Wahl der Ermittlungstechniken für ein Projekt
müssen Sie die organisatorischen Randbedingungen (z. B. Systemerweiterung oder Neuentwicklung, Anzahl und Verteilung der Stakeholder),
der fachliche Inhalt der Anforderungen (z. B. Umfang und Komplexität des Systems, bisheriges Wissen im Fachgebiet) und die Art der zu
erstellenden Anforderung beachten. Weiterhin sind die menschlichen
Faktoren bei dem Einsatz einer Ermittlungstechnik bei dem jeweiligen
Stakeholder bestimmend (z. B. die Motivation). Hürden können durch
passende Ermittlungstechniken überwunden werden.

Nur eine gezielte Auswahl der Techniken ermöglicht es, zu eindeu-
tigen, korrekten und vollständigen Informationen zu gelangen. Im Zuge
der Qualitätssicherung des Analyseergebnisses empfehlen wir eine geeignete Kombination unterschiedlicher Ermittlungstechniken, die vor
allem bei den Schlüsselpersonen der Stakeholder gemischt angewendet
werden sollen. So lässt sich das Ergebnis der Analyse durch wechselnde
Blickwinkel und Orientierungen der Techniken deutlich verbessern.

8.2 Dokumentationstechniken

Dokumentationstechniken existieren in unzähligen Varianten und lassen
sich grob in Techniken zur Beschreibung von Strukturen (z. B. Klassen-

diagramme) und Verhalten (z. B. Prototypen und Aktivitätsdiagramme) gliedern.

Im Verlauf der Systemanalyse wird typischerweise ein Mix aus den zwei Kategorien gewählt. Nur für wenige Systeme wird nur eine Art von Dokumentationstechnik verwendet. Orientieren sollte sich Ihre Auswahl der jeweiligen Dokumentationstechnik mindestens an den folgenden Kriterien der folgenden Kriterien: Die Dokumentationstechnik ist in Bezug auf ihre Darstellung adäquat zur Art der Anforderungen. Die Detailtiefe der Anforderungen ist meist direkt mit dem Leserkreis des Produkts gekoppelt. Andererseits lassen sich sehr detaillierte Anforderungen nur mit bestimmten Notationen darstellen. Ferner interessant sind organisatorische Randbedingungen wie Konsistenz, Verfolgbarkeit, Komplexität und Lebensdauer. Falls in Ihrem Projekt in den genannten Punkten eine gewisse Gefahr besteht, kann die Wahl der Dokumentationstechnik hierbei Abhilfe schaffen. Empfehlenswert ist es, Standards oder unternehmensintern verbreitete Methoden und Notationen zu nutzen, da dadurch die Verständlichkeit und somit die Akzeptanz durch Wiedererkennung erhöht wird. Falls die Möglichkeit existiert, bestehende Vorgaben zum Vorgehen innerhalb eines Firmenstandards mit weiteren Dokumentationstechniken für Ihr Projekt zu optimieren, so tun Sie dies. Demgegenüber stellt es an sich noch keine Missetat dar, ein rein natürlichsprachliches Anforderungsdokument zu verfassen – sofern dies zweckentsprechend ist.

8.3 Verwaltung von Informationen

Es gibt eine Vielzahl von Dokumenttypen und verwaltungsrelevanten Informationen während der Systemanalyse. Angefangen von Gesamtdokumenten wie Fachkonzepte, Lastenhefte, technische Lösungen und Prüfspezifikationen bis hin zu Einzelinformationen zu Anforderungen wie Anforderungsnummer, juristische Verbindlichkeit, System Release und fachlich verantwortliche Person. Untersuchen sollten Sie, welche davon tatsächlich verwaltet werden sollen. Zu viele verwaltete und eventuell teils unnötige Informationen stellen die Gefahr der Vernachlässigung mancher dar. Wenn eine Informationsbasis in Teilen als veraltet erkannt wird, ist die Akzeptanz meist zerronnen. Eine auf Erfahrung beruhende Grundregel für die Verwaltung dabei ist: Weniger ist mehr!

Im Umgang mit tatsächlich benötigten redundanten Informationen müssen Sie besonders gewissenhaft sein. Redundante Informationen bleiben meist nur kurze Zeit redundant – bis sie flugs durch unüberlegte Änderungen inkonsistent werden.

Problematisch ist es häufig, wenn Informationen nicht aktualisiert werden. Wenn ein stetiges Aktualisieren notwendig ist, können Sie dadurch, dass Informationen abstrakt, lösungsneutral und fachlich oder technisch klar separiert verwaltet werden, erheblichen Aktualisierungsaufwand vermeiden.

Eng verbunden mit dem Verwalten von Informationen ist ein Rollen- und Workflow-Konzept. Stellen Sie sicher, dass vordefinierte Rollen und Workflows auch tatsächlich auf die Projektgegebenheiten zugeschnitten sind. Neben der Frage, welche Vielfalt an Information zu verwalten ist, sollten Sie sofort im Anschluss die Strukturen und Sichten dieser Informationen betrachten. Wichtig ist, dass nahezu jeder Stakeholder eine andere Orientierung diesbezüglich einnimmt.

Generell ist ein zentraler Einstiegspunkt für die Spezifikation in der Systemanalyse wichtig, aber auch individuelle Spezialansichten wie z. B. für die Projektleitung oder das Testteam sind notwendig. Sichten orientieren sich meist an den Rollen im Projekt und sollten auch genau mit diesen zusammen definiert werden.

Ein Aspekt der Informationsverwaltung hat in den letzten Jahren immer wieder zu Diskussion angeregt: die Verknüpfung von Informationen (Traceability). Es existieren horizontale und vertikale Verknüpfungen: zwischen Anforderungsebenen, Anforderungen einer Ebene, unterschiedlichen Informationen eines Dokuments oder auch dokumentübergreifend (z. B. zwischen Anforderungen und Testfällen, Projektplanung und Änderungsanträgen). Prinzipiell vereinfachen Informationsverknüpfungen die Informationsaktualisierung und erhöhen die Lesbarkeit von Dokumenten, falls diese auch gepflegt werden. Schnell werden Verknüpfungen obsolet, wenn der Verdacht besteht, nicht an alle richtigen verbundenen Informationen – vor allem bei juristisch verbindlichen Anforderungen – zu gelangen.

In einer Welt, in der Projekte immer komplexer werden, die Anzahl der Projektbeteiligten häufig steigt und global agiert werden muss, scheint der Aufwand der Anforderungsverwaltung ins Unermessliche zu steigen. Die Verwaltung von mehreren hundert oder gar tausend Anforderungen erfordert den Einsatz eines Software-Tools. Der erste Schritt hierzu ist die Toolevaluierung. Sie sollten sich genau überlegen, welches Tool für Sie das passende ist. Sie können sich für einen Platzhirsch entscheiden, das heißt ein für die Systemanalyse zugeschnittenes Tool, oder aber für einen Mutanten, der die Kriterien nur am Rande abdeckt und eher in Richtung Modellierung oder Test geht, oder aber für eine Stubenfliege, wie z. B. MS Word oder MS Excel.

8.4 Prüfen und Abstimmen

Immer dann, wenn geprüft wird, ist es sinnvoll, mehrere Dinge vorab zu entscheiden und nicht ad hoc während des Prüfens. Vorüberlegungen und die wichtigsten Vorgaben zur Prüfung sind: Was soll geprüft werden? Welche Kriterien sind an die Prüfgegenstände zu stellen? Was wollen Sie mit dem Prüfen erreichen? Wer soll wann prüfen? Wie werden die Ergebnisse verwaltet und betrachtet? Nach den Eingangsüberlegungen wird nun geklärt, mit welchen Prüfmethoden vorzugehen ist. Dabei spielt die Betrachtung des Prüfgegenstandes in Beziehung zum verfolgten Ziel die wesentlichste Rolle. Methoden zur Erstellung eines Produktes können auch gleichzeitig als Qualitätssicherungsmaßnahme eingesetzt werden. Setzen Sie z. B. Testfälle nicht nur als reines Mittel zur Gestaltung einer Prüfspezifikation ein, sondern ebenso als konstruktive Verbesserungsmaßnahme für Anforderungen. Neben der selektiv angewandten Prüfung ist jedoch auch eine fortwährende möglich. Mithilfe von Metriken lässt sich die Qualität einer Spezifikation messen. Die dauerhafte Anwendung von Metriken über einen längeren Zeitraum ist ein Garant für eine langfristig gute Qualität der Anforderungen.

8.5 Systemanalyse erfolgreich organisieren

Der Vertrag ist ein wichtiger Grundpfeiler der Systemanalyse. Es gibt die verschiedensten Vertragsformen, und es ist nicht immer leicht, auf

Anhieb die richtige zu finden. Was bedacht werden muss, ist, dass der Vertrag nicht ein notwendiges Übel, sondern für die gesamte Dauer der Entwicklung gültig ist. Es lohnt sich also für Sie, sich tiefgreifend mit der Materie zu beschäftigen und vorausschauend zu planen. Damit nicht nur jeder seinen Vorteil sucht und den Vertrag so gestalten möchte, wie es für ihn am gewinnbringendsten ist, sollten sich beide Vertragspartner damit anfreunden, dass der jeweils andere die Rolle eines Partners und nicht eines Gegners übernimmt. Ist man nach den anfänglichen Pokerrunden zu dieser Weisheit gelangt, sollte die Einigung über die Art des Vertrages und die Projektdurchführung leichter werden.

Da in der Systementwicklung immer weniger neu entwickelt wird und der Trend Richtung Weiterentwicklung oder Aufsetzen auf ein „altes" System geht, nimmt die Bedeutung von Deltaanforderungen immer mehr zu. Deltaanforderungen schließen die Anforderungslücke zwischen dem Altsystem und dem neuen System. Es sind quasi die „Lückenfüller", mit denen lediglich die Änderungen und Neuerungen des Plansystems dokumentiert werden. Abhängig davon, welche Teile geändert oder erweitert werden sollen, genügt es, nur eben jene detaillierter zu betrachten. Ob und zu welchen thematischen Bereichen Sie Deltaanforderungen erheben, bleibt Ihre freie Entscheidung. Sie sollten aber diese Variante der Systemanalyse stets im Hinterkopf behalten.

Bei der Einführung des Requirements Engineering geht es darum, teils bekannte Abläufe mit häufig neuen Vorgehensweisen und unbekannten Methoden und Tools zu vereinigen und zu etablieren. Zu einer guten Einführungsstrategie gehören ein Projektplan, ein Projektteam, in dem die Rollen und Zuständigkeiten klar definiert sind, sowie die Bestimmung von Zielen. Das Wichtigste bei der Einführung eines Prozesses ist es jedoch, die Projektbeteiligten zu motivieren, denn ein Projekt steht und fällt mit der Zusammenarbeit im Team.

Dies so weit zur Zusammenfassung unseres Buches Systemanalyse kompakt. Wir hoffen, dass Ihnen unsere Erfahrung aus vielen Jahren Berater-, Coaching- und Trainingstätigkeiten in Ihren Projekten weiterhilft, und wir unser Wissen in ansprechender und adäquater Weise zu Papier gebracht haben. Sagen Sie uns einfach Ihre Meinung. Wir freuen uns über Anregungen, Kommentare und Kritik – positive wie auch negative Punkte. Schreiben Sie uns gerne unter sa-kompakt@sophist.de, damit wir Ihnen in der Zukunft noch informativeren, zielgerichteteren und interessanteren Lesestoff bieten können.

Ihre SOPHISTen☺

Literatur

[Art.Metriken06] Artikel *Messbare Qualität in Anforderungsdokumenten.* Veröffent-licht in: Java Magazin 1/2006. Manage IT! 2/2006. ObjektSPEKTRUM 4/2006.

[Bandler94] Richard Bandler (1994) *Metasprache und Psychotherapie: Die Struktur der Magie I.* Junfermann, Paderborn (ISBN 3-8738-7186-6).

[Beck00] Kent Beck (2000) *Extreme Programming.* Addison Wesley, München (ISBN 3-8273-1709-6).

[Cob98] Alistair Cockburn (1998) *Writing Effective Use Cases.* Addison Wesley, München (ISBN 0-201-70225-8).

[FDA] Food & Drug Administration http://www.fda.gov.

[IEEE90] IEEE (1990) IEEE Standard Glossary of Software Engineering Terminolo-gy Std 610.12-1990. IEEE Computer Society, New York.

[Kappel02] Gerti Kappel, Martin Hitz (2002) *UML@work. Von der Analyse zur Rea-lisierung.* dpunkt Verlag, Heidelberg (ISBN 3-89864-194-5).

[Kneu03] W. Kneuper (2003) *CMMI.* dpunkt Verlag, Heidelberg.

[Oestereich01] Bernd Oestereich (2001) *Objektorientierte Softwareentwicklung: Ana-lyse und Design mit der Unified Modeling Language*, 5. Aufl. Oldenbourg Verlag, München, Wien (ISBN 3-4862-5573-8).

[REM09] Chris Rupp, SOPHIST GROUP (2009) *Requirements Engineering und Ma-nagement.* Carl Hanser Verlag, München, Wien (ISBN 3-446-40509-7).

[Rupp03] Chris Rupp, Andreas Lechner (2003) *Documentation of the User Interface? Sure! But How?* Conquest-Tagungsband (ISBN 3-9809145-0-X).

[RuppHruschka02] Peter Hruschka, Chris Rupp (2002) *Agile Softwareentwicklung für Embedded Real-Time Systeme mit der UML.* Carl Hanser Verlag, München, Wien (ISBN 3-4462-1997-8) Achtung, vergriffen. In elektronischer Form unter buch@sophist.de erhältlich.

[UML11] Object Management Group. UML Superstructure Version 2.4.1. August 2011.

SOPHIST GmbH, C. Rupp, *Systemanalyse kompakt*, IT kompakt,
DOI 10.1007/978-3-642-35446-5, © Springer-Verlag Berlin Heidelberg 2013

[UMLGK03] Chris Rupp, Stefan Queins, Barbara Zengler (2007) *UML 2 glasklar.* Carl Hanser Verlag, München, Wien (ISBN 978-3-446-41118-0).

[VMXT04] VMXT04 V-Modell® XT, Bundesrepublik Deutschland (2004) *Entwicklungsstandard für IT-Systeme des Bundes, Vorgehensmodell.* http://www.kbst. bund.de.

[OOGeschUML03] Bernd Oesterreich (2003) *Objektorientierte Geschäftsprozessmodellierung mit der UML.* dpunkt Verlag, Heidelberg (ISBN 3-89864-237-2).

[RUP01] IBM Rational Unified Process (2001) http://www.rational.com/products/ process.jsp.

Weiterführende Literatur

Helmut Balzert (2000) *Lehrbuch der Software-Technik, Bd. 1: Software-Entwicklung.* Spektrum Akademischer Verlag, Heidelberg, Berlin (ISBN 3-8274-0480-0).

Helmut Balzert (1998) *Lehrbuch der Software-Technik, Bd. 2: Software-Management, Software-Qualitätssicherung, Unternehmensmodellierung.* Spektrum Akademischer Verlag, Heidelberg, Berlin (ISBN 3-8274-0065-1).

Ian Sommerville, Pete Sawyer (1997) *Requirements Engineering A good practice guide.* John Wiley & Sons Inc. (ISBN 0-471-97444-7).

James Robertson, Suzanne Robertson (1996) *Vollständige Systemanalyse.* Carl Hanser Verlag, München, Wien (ISBN 3-446-18115-6).

Sachverzeichnis

Printed in the United States
By Bookmasters